本书获得国家自然科学基金项目(项目编号:71973100,71903133)、辽宁省兴辽英才青年拔尖人才项目(项目编号:XLYC2007138)、辽宁省教育厅重点项目(项目编号:Z20210214)、国家级人才项目(Z20210463)资助

| 博士生导师学术文库 |

A Library of Academics by
Ph.D. Supervisors

农民工市民化能力提升新视野

周 密 著

光明日报出版社

图书在版编目（CIP）数据

农民工市民化能力提升新视野 / 周密著．－－北京：光明日报出版社，2022.6
ISBN 978－7－5194－6427－1

Ⅰ.①农… Ⅱ.①周… Ⅲ.①民工—城市化—研究—中国 Ⅳ.①D422.64

中国版本图书馆 CIP 数据核字（2021）第 276880 号

农民工市民化能力提升新视野
NONGMINGONG SHIMIN HUA NENGLI TISHENG XIN SHIYE

著　　者：周　密			
责任编辑：李　倩		责任校对：阮书平	
封面设计：一站出版网		责任印制：曹　净	

出版发行：光明日报出版社
地　　址：北京市西城区永安路 106 号，100050
电　　话：010－63169890（咨询），010－63131930（邮购）
传　　真：010－63131930
网　　址：http：//book.gmw.cn
E－mail：gmrbcbs@ gmw.cn
法律顾问：北京市兰台律师事务所龚柳方律师
印　　刷：三河市华东印刷有限公司
装　　订：三河市华东印刷有限公司
本书如有破损、缺页、装订错误，请与本社联系调换，电话：010-63131930

开　　本：170mm×240mm
字　　数：230 千字　　　　　　印　　张：15.5
版　　次：2022 年 6 月第 1 版　　印　　次：2022 年 6 月第 1 次印刷
书　　号：ISBN 978－7－5194－6427－1
定　　价：95.00 元

版权所有　　翻印必究

前　言

农民工市民化是中国农民向市民转化过程中的特有形式,是历史条件、经济发展状况、人口状况、户籍制度、土地制度、社会保障制度、劳动力市场与就业制度等因素所共同决定的。大批农民工进入城镇,顺应了工业化和现代化的发展趋势,为中国的社会主义建设做出了巨大贡献,其自身的生存状况、心理状况、思想观念也不断得到变革。然而,值得注意的是,部分农民工在为国家发展做出巨大贡献的同时,并没有享受到应有的国民待遇,其流动受限制、工资被拖欠、缺少社会保障、人格被歧视、家庭结构的完整性受到冲击……这些都在一定程度上阻碍了农村人口市民化进程的推动,进而加深了城乡二元结构的矛盾。因此,提高农民工市民化能力对于中国调整经济增长格局、转变经济发展方式具有十分重要的作用。

中央近年来多次出台相关政策,期望通过国家层面的政策制定,提升农民工市民化能力。2014年,国家发改委发布《国家新型城镇化规划(2014—2020年)》要求落实城乡劳动者平等就业、同工同酬,依法为农民工缴纳社会保险,通过开展职业教育和技能培训提升农民工融入城市社会的能力。2019年,人力资源和社会保障部与国务院先后颁布了《新生代农民工职业技能提升计划(2019—2022年)》和《国家职业教育改革实施方案》两项重要计划方案,要求加强新生代农民工职业技能培训,带动农民工队伍技能素质全面提高,并进一步将其与工人待遇相关联,加强技能人才激励。

2020年习近平总书记首次提出"新发展格局"这一概念,其中提到了充分挖掘国内人才资源对于加快形成新发展格局的重要作用。本书正是在中国新发展格局的背景下,系统分析了农民工市民化能力提升问题。从农民工城市融入、农民工家庭主体抑郁情绪、农民工非认知能力三个角度构建理论分析框架,以农民工市民化的进程为主线,结合各时期的问卷调查资料,运用定性分析和定量分析相结合的方法,对其影响机制展开研究。本书共分为四大部分:第一部分为导论,注重阐述本研究的意义和全书的篇章布局;第二部分介绍了农民工城市融入的决定机制,着重从技能型人力资本和非技能型人力资本角度进行分析,揭示出非技能型人力资本的贡献程度更大;第三部分重点分析农民工及其子女和老人群体的非技能型人力资本积累现状,以抑郁情绪为例,揭示出不同群体抑郁情绪的差异及其决定机制;第四部分重点分析农民工非技能型人力资本对城市融入的影响,以抑郁情绪为例,揭示出农民工抑郁情绪对就业、工资收入短期和跨期影响的程度和作用机制,并探讨了人格特征对城市融入程度的影响以及工作适配性在其中的中介机制。各部分具体研究内容如下:

第一部分导论。该部分由农民工市民化的重要性及我国农民工市民化制度政策的渐进改革历程,引出本书的研究对象——农民工的市民化能力提升,并分析指出了目前我国农民工市民化所面临的问题,最后具体介绍了全书的内容与安排。

第二部分农民工城市融入的决定机制及其社会经济影响。本部分探讨分析了影响农民工城市融入的决定机制及其影响。首先采集、遴选相关数据库中2006—2018年间农民工城市融入影响因素研究领域的53篇科技文献,运用Meta整合方法和Meta回归分析方法对已有实证结果进行合并,分析八种调节因素,研究各实证结果的异质性来源。然后使用中国综合社会调查(CGSS)2005—2013年的数据,根据受教育程度、地区、工作经验和城市规模的差异,依次构建了包含农民工数量和本地市民就业率、城市劳动力市场平均工资等变量的面板数据,先运用参数和半参数估计方法,揭示出农民工城市融入会降低本地市民就业率,并且存在城市规模异质性;后运用工具变量和系统GMM估计方法,揭示出农民工城市融入对特大城市和大城市工资影响表现为先提高后下降再提高的规律,而对中小城市工资的影响则表现为先下降再提高后下降的规律。最后基于2013年中国居民收入调查项目数据

(CHIP),运用普通最小二乘法及工具变量法评估城市规模对农民工工资的溢价效应及其产生的原因。工资溢价模型的结果表明,即使控制住生活成本,城市规模与农民工工资水平之间仍然呈显著正相关;不同城市规模的回归结果显示,大城市及特大城市的城市规模对农民工工资有显著影响,而中小城市的规模对农民工工资没有影响。

随后使用沈阳、鞍山、锦州、台安、北镇这五座城市随机抽取18~32岁有过非农职业经历者的问卷调查数据,运用分位数处理效应模型(QTEs),分析了不同城市融入程度下人力资本积累对城市融入决定的影响。结果显示,在城市融入意愿不足时,通过增加人力资本积累会显著提高新生代农民工的城市融入决定,而且这种影响在特大城市和大城市要高于在中小城市。

第三部分农民工人力资本及其代际传递。本部分将研究主体分成农民工自身、农民工子女,并依次分析农民工进城打工后这两类主体产生抑郁情绪的形成机制及其影响。运用中国家庭追踪数据(CFPS),首先构建了一个18300名劳动者的样本集。研究发现,抑郁症的分布因劳动者而异:城市劳动力人口的抑郁症患病率明显低于农民工或农村劳动力。另外,与其他劳动者相比,女性、单身、少数民族、低收入或缺乏医疗保险的劳动者更容易受到压抑。其次从中国25个省构建了2679名10~15岁的儿童样本。结果表明抑郁症的发病率因地理区域而异:抑郁症的发生率在城市地区显著低于农村地区;此外,来自少数民族、较贫困家庭的儿童和父母处于沮丧状态的儿童比其他儿童更容易沮丧。再次运用双重差分法(DID)和双重差分倾向得分匹配(PSM-DID)方法,通过CES-D抑郁量表,研究表明父母的迁移会使10岁和11岁儿童的抑郁程度加剧。此外,在确定中国农村儿童的抑郁症状态方面,缺少父母照料的负面影响要比增加收入带来的正面影响要强。最后,实证检验出父母教育期望对农村儿童认知能力有显著的正向影响。

第四部分非技能型人力资本对农民工市民化能力提升的影响研究。本部分的第五章、第六章使用了中国家庭追踪调查(CFPS)数据,分析了非技能型人力资本对农民工就业和收入的影响。首先,利用"大五"人格方法对农民工非认知能力进行有效测度,分析得出人格特质以及非认知能力能够影响农民工职业选择，进而影响农民工收入等结论；然后采用横截面数据分析了非技能型人力资本对农民工收入的影响；最后，使用面板数据，分析非技能型人力资本对农民工就业和收入的跨期影响。研究结论都表明非技能型人力资本对农民工收入有显著影响，且影响程度大于技能型人力资本的影响，而且存在显著的长期效应。第七章以锦州市为案例，运用普通最小二乘法、分位数回归模型、结构方程模型、处理效应模型，实证检验人格特征对农民工城市融入的影响以及工作适应性在其中的中介作用。

  本书在中国农民工市民化政策制度不断改革创新的背景下，基于人力资本积累视角，探讨了中国农民工城市融入的路径，并指出新发展格局下农民工市民化能力提升所存在的问题，对如何提升农民工市民化能力提出了有针对性的对策建议。

周 密

2021 年 4 月

目 录
CONTENTS

导 论 ………………………………………………………………… 1

第一篇
农民工城市融入的决定机制及其社会经济影响

第一章 农民工城市融入的决定机制 ……………………………… 11

  第一节 农民工城市融入影响因素 Meta 分析 …………………… 11

  第二节 城市规模、人力资本积累与新生代农民工城市融入决定 …… 25

第二章 农民工城市融入对城市劳动力市场的影响 ……………… 36

  第一节 农民工城市融入对劳动力市场就业的影响 ……………… 36

  第二节 农民工城市融入对城市劳动力市场工资的影响 ………… 45

  第三节 城市规模与农民工工资溢价效应 ………………………… 50

第二篇
农民工人力资本及其代际传递

第三章 农民工及其子女非技能型人力资本 ········· 63
第一节 中国劳动者的抑郁症状 ········· 63
第二节 农民工子女的非技能型人力资本：以抑郁情绪为例 ········· 71

第四章 人力资本代际传递 ········· 77
第一节 父母的迁移对留守儿童的非认知能力的影响：以抑郁症状为例 ········· 77
第二节 父母教育期望对农村儿童认知能力的影响 ········· 84

第三篇
非技能型人力资本对农民工市民化能力提升的影响研究

第五章 农民工非技能型人力资本对就业的影响 ········· 95
第一节 绪 论 ········· 95
第二节 文献综述及述评 ········· 98
第三节 非认知能力指标体系构建 ········· 102
第四节 数据来源及描述性统计分析 ········· 106
第五节 农民工非认知能力对收入影响的实证分析 ········· 113
第六节 农民工非认知能力对收入影响的作用机制 ········· 124
第七节 结论与政策建议 ········· 126

第六章　农民工非技能型人力资本对收入的影响：以抑郁情绪为例 ………………………………………………………………… 132

第一节　绪　论 …………………………………………… 132
第二节　数据来源及描述性分析 …………………………… 136
第四节　抑郁度对农民工收入短期影响的实证分析 ……… 145
第五节　抑郁度对农民工收入的短期影响及其作用机制 … 150
第六节　农民工非技能型人力资本对工资收入跨期影响的实证分析
　　　　　　………………………………………………… 154
第七节　农民工抑郁情绪对工资收入的跨期影响及其作用机制 …… 159
第八节　结论与政策建议 …………………………………… 166

第七章　农民工非技能型人力资本对城市融入的影响研究 ……… 170

第一节　绪　论 …………………………………………… 170
第二节　文献综述与理论框架 ……………………………… 171
第三节　数据来源及描述性统计 …………………………… 176
第四节　农民工城市融入程度测度 ………………………… 180
第五节　人格特征对农民工城市融入的影响分析：基于工作适应性视角
　　　　　　………………………………………………… 184
第六节　结　论 …………………………………………… 199

参考文献 ………………………………………………………… 201

附　录 …………………………………………………………… 229

后　记 …………………………………………………………… 232

导　论

一、农民工市民化的重要性

所谓"农民工市民化",是指农民工到城镇稳定就业、固定居住,并且平等享有市民权益。其一,农业劳动力或新生的潜在农业劳动力,由务农或即将务农转变为从事二、三产业,是农民工市民化的第一步。其二,已经转移到二、三产业就业并成为城镇常住人口的农民工,只有在城镇定居后才称得上市民化。其三,已经在城镇稳定就业和定居的农民工,只有平等享有了市民权益,才称得上真正的市民化。自工业革命以来,世界上绝大多数国家发展的目标都是努力实现现代化。现代化的过程,就是由农业社会转型为工业社会,进而转型为后工业社会的过程,会经历工业化、城镇化、农业现代化阶段。在此期间,必然伴随着农业人口转移,即初始的农业社会里占劳动力绝大多数的农业劳动力逐渐由务农转变为从事二、三产业,占总人口绝大多数的农业人口逐渐由农村居民转变为城镇居民,剩下的少数农业劳动力人均占有更多的土地资源,为农业现代化提供必要条件。这是人类社会发展的客观规律,也是推进构建以国内大循环为主体、国内国际双循环相互促进的新发展格局的必然要求。

(一) 农民工市民化是增加农民收入的主要途径

我国现阶段把增加农民收入作为我国农村工作的基本目标,但农民增收的效果不明显。农村劳动力过多,人均支配的土地资源太少,劳动生产率提高缓慢无疑是最根本原因。农村存在着大量的剩余劳动力，而现阶段在乡镇企业不可能更有效吸收大规模剩余劳动力的情况下，剩余劳动力根本出路在于向城市转移，变农民为市民。这样一方面使从土地中转移出来的劳动力能够依靠城市非农产业增加收入；另一方面又通过农民市民化大幅度减少农民，把闲置的土地资源适度集中到农民手中，提高农业劳动力人均土地资源占有量，留在农业中的劳动力才能通过专业化、规模化的农业生产活动，提高农业劳动生产率，获取更多的收入。所以依靠劳动力向城市的转移来增加农民收入是我国发展的出路之一。

（二）农民工市民化直接关系到实现农业现代化的进程

当前我国进行现代化建设的根本问题仍然是农民问题，解决农民问题的出路又在于农业现代化。而实施城市化战略，加快农民向城市转移，让农民成为市民，也是加快实现农业现代化，乃至整个社会现代化的关键。只有把大多数农民从土地上解放出来，在城镇中获得稳定的职业收入，才能从根本上解决我国农村经济落后和贫困问题；只有把大部分农村剩余劳动力转移到城市工商业中，才能实现农业的集约经营和规模经营，农业才有可能发展成为现代化产业。因此，在现代化建设进程中，同步推进工业化、城市化和农民市民化，有利于提高城市建设的质量和水平，加快城市化进程；有利于引导农村劳动力进一步向城市转移，促进农业现代化；有利于提高人口的整体素质，促进社会文明；有利于破除城乡二元结构，缩小城乡差别，加快社会转型。

（三）农民工市民化是确保社会稳定，国家长治久安的重要保证

由于进城的农民没有城市户口，无法真正享受到城市的待遇，无法融入社会，成为城市里的"边缘人"，生活在城市社会的底层，再加上城市里贫富差距大，一部分人难免心理不平衡，有一定的不稳定因素。我国正处于艰难的社会转型时期，各方面矛盾都比较突出，再加上贫富差距的不断扩大，人民对公平、共同富裕的要求更加强烈。如果不能妥善处理农民工市民化问

题，不能从根本上解决由于城乡二元户籍制度引起的就业、养老、医疗、住房等方面的不公平问题，必然引起人们对社会公平、平等问题的争议，也必然会进一步增加社会的不稳定因素。因此，只有进一步推进农民工市民化，才能创造和谐融洽的社会环境，构建社会主义和谐社会。

我国《就业促进法》《劳动合同法》《社会保险法》《劳动争议调解仲裁法》以及其他法律法规从未使用"农民工"称谓，也未限制农民工的各项权益，而是赋予包括农民工在内的各类劳动者平等的权益。但是在现实中这些法律法规并未得到全面落实，其根源在于长期的城乡二元管理体制造成的对"农民"的歧视，是部分社会群体思想深处的固有观念。为此需要针对"农民工"群体建立专门的工作机制以推动法律法规的全面贯彻。推动农民工平等享有市民权益的正确方式，应该坚持"两条腿走路"，一方面大力推动农民工在城镇落户，从而让他们即时、全面地享有各项市民权益；另一方面对于尚未落户的农民工，着力推动其持居住证逐步、逐项地享有平等市民权益。这是实现农民工市民化的重要任务。

二、农民工市民化的相关政策嬗变

中华人民共和国成立以来，伴随着计划经济体制的建立、完善，一直到市场经济体制的建立，农业劳动力向非农产业的转移政策，以及农村人口的城镇化政策经历了多次的反复，其中的每次变化，都有其特定的政治经济背景。从劳动力流动性和择业自由程度来看，可以大体将这些变化分为四个阶段：

第一阶段，自由流动时期（中华人民共和国成立至20世纪50年代中期）。中华人民共和国刚刚成立，各项事业百废待兴，此时城镇用人单位根据需要到农村自由招工，城乡劳动力自由流动，不受政策的制约，劳动者有择业和选择工作地点的自由。这个时期城乡就业的制度是自由的、松散的，这符合了当时的社会经济发展要求。

第二阶段，政府管制时期（20世纪50年代末期至70年代末期）。随着计划经济体制的逐步建立和完善，为满足国家工业化发展的需要，政府对城乡劳动力资源进行计划管理，并用户籍制度、票证制度等一系列的制度来限制劳动力在区域间、区域内的自由流动，并规定城镇企业不得私自在农村招工，必须首先到城市中招工。在此期间劳动力没有择业自由、选择工作地点的自由，政府是城乡劳动力资源的实际支配者和拥有者。

第三阶段，市场配置时期（1978年—1999年）。1978年改革开放以来，国民经济发展的总体思路是对传统的计划经济体制进行改革，逐步建立起以市场为基础手段配置资源的体制。根据市场供需状况，劳动力在城乡间被允许有一定程度的流动，但要进行有序的流动，流动的目的是要解决城镇某些行业劳动力供给不足的问题。1993年11月，十四届三中全会通过的《中共中央关于建立社会主义市场经济体制若干问题的决定》明确提出了城乡劳动力要进行市场配置，并加快城乡劳动力市场的统一，打破以往城乡分割的就业管理体制，加强城乡统筹就业的改革原则，劳动力相应地有择业和选择工作地点的自由，能够对劳动力的供给相应地做出独立决策。同时企业也有权决定对劳动力的需要。

第四阶段，统筹就业时期（2000年至今）。与以往不同的是，此时的城乡就业制度以市场配置为基础，政府对一些非市场因素进行干预，取消阻碍城乡就业一体化的制度，使迁入者获得平等的公民权利。从2000年7月起，劳动和社会保障部、国家计委等7个部门联合发起了城乡统筹就业试点行动，旨在取消城乡就业方面的不合理界限，逐步实现城乡劳动力市场的一体化，标志着中国城乡就业进入统筹就业时期。国务院《关于解决农民工问题的若干意见》是统筹就业时期的一个重要文件，它针对农民工城市就业问题提出以下意见：深化户籍制度改革、农民工子女在城享受义务教育、多渠道多形式改善农民工居住条件、建立城乡一体的公共就业服务网络、企业必须为农民工及时缴纳工伤保险等措施。2021年国家发展改革委员会关于印发《2021年新型城镇化和城乡融合发展重点任务》的通知中进一步强调开放中小城镇户籍制度，促进有条件的农民工在中小城镇安家落户。

三、农民工市民化面临的问题

(一) 户籍制度和就业政策的限制

户籍制度是农民市民化最大的障碍之一,不少制度障碍很大程度上是户籍制度派生而来的。户籍制度将劳动力市场分割成两个大群体,城市的管理者在制定就业政策时,首先考虑的是具有城市户口的劳动者。就业政策通常依照"先城镇、后农村""先本地、后外地"的原则实施。许多大中城市限制外来人口,特别是农民工的就业领域,而不管其胜任与否。同时,外来务工人员失业后,也很难享受到当地职工的下岗、失业人员可以享受的再就业优惠政策。

(二) 社会保障制度缺失

由于我国长期城乡分割的管理体制的存在,社会保障也被分割为城乡二元的保障体系。城市职工大多拥有失业、医疗、养老和住房等社会保障,而广大农村的社会保障几乎是空白。从城镇劳动力流动的角度来看,缺失的农村社会保障同样限制了城镇劳动力的流动意愿。城乡人口享受着不平等的公共服务,在城市就意味着可以得到更高质量的医疗服务,更高质量和更便捷、全面的基础教育和高等教育,更及时、有效的就业培训和信息,更好的公共设施等,而乡村则正好相反。

(三) 农民工自身素质的限制

农民能否成为市民,还取决于农民自身的文化知识和能力的整体素质状况。进城农民的整体素质是取得市民资格的重要条件,决定着由农民向市民转化的成功率。素质高的农民,进城后容易获得较多的就业机会以得到相对稳定的职业和收入;容易融入市民社会,培育市民观念,承担市民义务,得到市民认同。但在我国农村农民的受教育情况都比城市低,最终能否成为城市居民，找到一份赖以生存和发展的工作，与其所受教育水平高低有很大关系。

（四）随迁子女教育问题

我国现行的义务教育是分级办学、分级管理体制。实行的是适龄儿童在户口所在地接受九年义务教育的就近入学原则。这导致大量跨区流动的农民工子女在教育方面存在一系列问题。很大一部分农民工子女得不到应有的教育机会。由于进城务工农民的自身文化水平并不高，加上生活压力大以及子女在城市就学成本过高，很多农民工家长并不支持其子女上学，很多孩子初中未毕业便早早辍学，加入挣钱的行列。对于那些得以入学的孩子来说，他们受到的教育与城市里的孩子相比差距很大。即使是进入公立学校，也只得以借读生或旁听生的身份学习，他们所受到的来自教师的关心与本地孩子也无法相比。

四、研究内容与结构安排

本书主体分为三篇七章：第一篇为农民工城市融入的决定机制及其社会经济影响，第二篇为农民工人力资本及其代际传递，第三篇为非技能型人力资本对农民工市民化能力提升的影响研究。

第一篇探讨分析了影响农民工城市融入的决定机制及其影响。第一章首先研究采集、遴选相关数据库中2006—2018年间农民工城市融入影响因素研究领域的53篇科技文献，运用Meta整合方法和Meta回归分析方法对已有实证结果进行合并，分析八种调节因素，研究各实证结果的异质性来源，然后分析了不同城市规模下人力资本积累对新生代农民工城市融入决定的影响；第二章首先采用中国综合社会调查（CGSS）2005—2013年数据，根据受教育程度、地区、工作经验和城市规模的差异，构建了一个包含农民工数量和本地市民就业率等变量的面板数据。运用参数和半参数估计方法，揭示出农民工城市融入与本地市民就业率之间的关系，然后运用宏观数据估计不同城市规模条件下农民工城市进入对城市劳动力市场工资收入的非线性影响。最后根据对不同规模城市农民工教育—工作匹配程度测算，验证了教育—工作匹配程度是城市规模影响农民工工资溢价的重要作用机制。

第二篇将研究主体分成农民工自身、农民工子女，并依次分析农民工进城打工后两类主体产生抑郁情绪的形成机制及其影响；第三章首先使用2016年中国家庭追踪调查（CFPS）的数据并构建一个18300名劳动者的样本集，来探讨进城农民工的抑郁症状，并比较目前我国劳动者几个亚人群的抑郁程度，然后利用中国家庭追踪调查2012年数据，来了解中国儿童的抑郁症状分布，并识别弱势群体；第四章首先采用全国具有代表性的面板数据集，探讨父母迁移对留守儿童抑郁症状的影响，然后基于2014年和2016年中国家庭追踪调查的面板数据，实证检验了父母教育期望与农村儿童认知能力之间的关系。

第三篇探讨研究了非技能型人力资本对农民工市民化能力提升的影响。这一篇主要使用了中国家庭追踪调查数据，第五章重点分析了农民工非认知能力对就业的影响，并找到其中的作用机制；第六章从抑郁情绪这一非认知能力细分维度下深入分析其对农民工工资收入的影响；第七章使用2018年辽宁省锦州市351个农民工的调研数据，基于工作适应性视角，实证检验人格特征对农民工城市融入的影响，并探究其中的作用路径。

第一篇

农民工城市融入的决定机制及其社会经济影响

农民工市民化能力提升新视野　>>>

第一章 农民工城市融入的决定机制

第一节 农民工城市融入影响因素 Meta 分析

一、研究对象与方法

（一）研究对象

1. 理论研究对象

针对影响农民工城市融入的因素，目前已有丰富的文献，归结起来可分为个人特征、人力资本、经济以及社会四方面因素。

第一，个人特征因素。个人特征因素包括性别、年龄和婚姻状况。已有研究表明，个人特征因素对农民工城市融入的影响存在差异。从性别看，高光照、陈国胜认为女性农民工更容易融入城市，原因是在目前我国社会生活中，女性在工作和家庭中承担的压力较小，而且更容易通过婚姻成为市民，所以有利于实现城市融入（高光照、陈国胜，2015）；但是，也存在男性农民工更能融入城市或者性别在其中没有显著性影响的情况（陈红岩、李刚，2015；王晓峰、温馨，2017）。此外，汪军、许秀川（2018）发现年龄与农民工城市融入呈显著负相关，农民工年龄越大，城市归属感越弱，不利于其城市融入，石智雷、彭慧（2015）却认为农民工年龄越大，城市融入能力越强，城市融入程度越高；还有研究认为年龄没有显著影响农民工城市融入（赵雪梅、杜栋，2013）。从婚姻状况上看，毕红丽（2016）认为已婚的农民工更能融入城市，已婚农民工能在经济上相互支持，增强支付城市生活支出的能力，使其容易融入城市。但也有研究显示婚姻状况对农民工城市融入的影响不显著（王团真、陈钦等，2015）。

第二，人力资本因素。人力资本因素包括受教育程度、参与培训和进城务工时间。不同研究对人力资本因素与农民工城市融入关系的结论有所不同。农民工受教育程度越高、进城务工时间越久、参与培训，其在城市的生存能力越强，更易于找到较好的就业机会，收入水平就越高，越有利于其城市融入（刘妮雅、杨伟坤等，2014；王晓峰、温馨，2017；陈延秋、金晓彤，2014）；而陈红岩、李刚（2015）的研究结论刚好相反；此外，赵雪梅、杜栋（2013）和韩鸽（2018）发现人力资本因素对农民工城市融入没有显著影响。

第三，经济因素。经济因素包括职业、收入和住房类型。经济因素对农民工城市融入的影响程度在不同研究中也有所差异。臧秀娟、王子刚（2012）发现农民工从事服务业比制造业更有利于其融入城市，同时农民工在城市拥有住房，增加其城市归属感，也利于其融入城市；而陈红岩、李刚（2015）认为农民工在城市里拥有住房，会因城市生活的快节奏和高成本而无法融入城市，不过农民工的收入越高，更支付得起其在城市生活的各项支出，越有利于其城市融入；但也有研究认为经济因素对农民工城市融入的影响不显著（杨萍萍，2012）。

第四，社会因素。社会因素包括签订劳动合同、配偶所在地和社会保障。从现有研究中可以看出，社会因素对农民工城市融入的影响程度存在争议。张娟（2008）和毕红丽（2012）认为农民签订劳动合同、配偶在同城打工和参加社会保险会增加农民工在城市生活的保障，有利于其城市融入；但也有研究认为签订劳动合同、配偶同城打工也会阻碍农民工城市融入，甚至社会因素对农民工城市融入没有显著性影响（张永丽、谢盈盈，2012；陈红岩、李刚，2015）。综上，通过对已有文献的梳理发现，目前学术界关于农民工城市融入影响因素的研究具有以下几个特点：一是对于农民工城市融入不同影响因素的重要程度，学者们的研究结论各异。二是各因素影响程度的大小存在异质性，而且缺少对结论差异性的解释。

2. 实证研究对象

本研究的实证研究对象是已发表的农民工城市融入影响因素文献，文献检索与筛选包括四个步骤。

第一个步骤，文献检索。2006年1月31日，国务院颁布了《关于解决农民工问题的若干意见》，对农民工城市融入问题给予高度重视，从而使农民工城市融入问题备受学术界关注（王玉峰、刘萌，2018）。本研究数据来源于中国知网、维普期刊资源整合服务平台、万方数据库、Web of Science、SpringLink、EBSCO和ScienceDirect等数据库，分别以农民工、城市融入、城市融合、市民化、影响因素及其组合关键词，migrant workers、city integration、citizenship、factors及其组合关键词，为中英文期刊文献的检索策略，考虑到学科研究发展阶段，检索时间跨度界定为2006—2018年。初步检索得到文献2645篇，删除重复文献后剩余1130篇，通过分析题目和摘要内容，剔除综述性和定性分析类文献958篇，最终筛选得到研究样本量为53篇。

第二个步骤，纳入标准。一是研究内容为农民工个体或家庭层面；二是定量研究的期刊文献；三是期刊文献的定量研究结果必须有可计算转化为效应量（Hedges'g）的t值或回归系数和标准误差，而且要有明确的样本量。

第三个步骤，剔除标准。一是重复发表的文献；二是研究流动人口、特定群体（如女性农民工、随迁子女）等方面的文献；三是综述性文献；四是定性分析和单纯的描述性分析文献。

第四个步骤，文献整理和编码。对纳入Meta分析的53篇文献进行整理编码，内容具体包括第一作者、文章名称、发表年份、期刊来源、影响因子、研究区域、研究对象、研究方法、样本量和变量形式等详细信息。上述文献检索和编码过程由本研究的所有作者独立完成，不一致之处通过讨论解决，最终达成一致。

(二) 研究方法

本节采用 Meta 整合与 Meta 回归方法对多种不同实证结果进行定量分析，以期揭示农民工城市融入各影响因素的重要程度并探索调节因素在其中的作用。主要包括以下六个步骤。

1. 效应量的恰当选取

各研究结论由于抽样时间、研究方法和研究对象等方面的不同而无法进行直接比较，为了使其能相互比较则需选择一个效应量，根据皮戈特的方法建议（Pigott，2012），本研究选择与 t 检验值类似但与样本量无关的校正后标准化均值差（Hedges'g）作为效应量（李昊等，2017）。

2. 变量选取与理论预期

通过对文献中变量的梳理，并依据效应量个数不低于 5 的经验法则，本研究最终选取农民工个人特征因素、人力资本因素、经济因素和社会因素四类共 12 个变量（表 1.1）。

表 1.1　变量及理论预期

变量		变量含义	测量方式	预期方向
个人特征因素	性别	男或女	二分类变量	+
	年龄	农民工年龄	有序分类或连续变量	+/-
	婚姻状况	已婚或未婚	二分类变量	-
人力资本因素	受教育程度	农民工受教育水平	有序分类或连续变量	+
	参与培训	是否参与培训	二分类变量	+
	进城务工时间	进城务工的时间	有序分类或连续变量	+/-
经济因素	职业	务工职业的类型	有序分类变量	-
	收入	农民工月收入或年收入	有序分类或连续变量	+
	住房类型	租房或自购房	二分类变量	+/-
社会因素	签订劳动合同	是否签订劳动合同	二分类变量	+
	配偶所在地	是否同城	二分类变量	+/-
	社会保障	是否购买社会保险	二分类变量	+

3. 异质性检验与统计模型选择

在 Meta 整合中，异质性检验是其进行数据分析的前提，分析时所用的模型取决于异质性检验的结果。本研究采用 Cochrane Q 检验方法进行异质性检验并计算 I^2 值，若 $I^2>50\%$，则存在异质性，采用随机效应模型；反之，采用固定效应模型。

4. 发表偏移检验

在 Meta 整合中，文献检索的质量关系到 Meta 分析结果的真实性，检索文献时会受到发表偏移影响。主要是指在同类研究中，有统计学意义的研究结果比无统计学意义的研究更容易被接受和被发表，从而导致因检索文献不全面而造成的结果偏差。本研究采用 Begg 法，通过直线回归检验各变量是否存在发表偏移。

5. 累积 Meta 分析

累积 Meta 分析可以通过按照某种顺序（各研究的抽样时间、样本量大小等）依次加入各项研究，进行多次 Meta 分析，得到累积排列的结果，从而反映出研究结果的动态变化趋势（张天嵩、钟文昭，2010）。本研究采用累计 Meta 分析方法，将效应量作为因变量，按照抽样时间顺序将各自变量逐一引入 Meta 分析中，以反映各个因素的效应量随时间的变化趋势。

6. Meta 回归分析

第一，调节因素的选取。导致各研究结果存在差异性的原因有很多，可能是抽样时间不同、因变量类型不同、变量的测量方式不同、研究区域不同、研究方法不同和发表的期刊类型不同等。抽样时间产生的差异在累积 Meta 分析时已阐述，因此本部分选择研究指标、因变量类型、因变量测量方式、研究对象、研究区域、研究方法、期刊类型以及期刊影响力作为调节因素进行分析。

第二，Meta 回归分析模型。通过引入调节因素，对存在异质性的影响因素进行 Meta 回归分析以寻找其异质性来源。公式如下：

$$Y = \beta_i x_i + \beta_0 + \varepsilon$$

注：Y 为效应量估计值；β_i 为待估系数；x_i 为调节因素；β_0 为截距项；ε 为误差项。

二、结果与分析

（一）应用 Meta 整合方法的综合效应量估计及各检验结果

本研究采用 Comprehensive meta-analysis V2.0（CMA）进行 Meta 整合分析，得出综合效应量、显著性检验、异质性检验以及发表偏移检验的结果。由于分析中所有 I^2 均大于50%，各因素均采用考虑了研究间异质的随机效应模型。P_T 均没有小于0.05，所以不存在发表偏移[①]。

1. 个体特征因素

性别和婚姻状况对农民工城市融入均无显著性影响。过高的房价使男女农民工都难以在城市中拥有属于自己的房子，无法对城市产生归属感。未婚农民工在城市生活需承担个人的生活成本，已婚农民工要负担整个家庭的生活成本，而过高的生活成本对二者的心理负担是一样的，这致使婚姻状况对农民工城市融入影响不显著。而年龄对农民工城市融入具有显著正向影响，但效应较小，表明随着年龄的增长，农民工的经验越来越丰富，在城市生活的能力越来越强，从而容易融入城市。

2. 人力资本因素

受教育程度、进城务工时间和参与培训对农民工城市融入均具有显著正向影响。这意味着农民工参与培训并且受教育程度越高、进城时间越久，越能获得更好的就业机会，所掌握的技能和社会经验也越来越多，增强农民工在城市生活的能力，从而有利于其融入城市。

---

① a. I^2 为总体变化中异质性的占比；b. P_T 为发表偏倚检验 P 值。

3. 经济因素

职业和住房类型对农民工城市融入的影响均不显著。受访的农民工普遍从事城市建设底层工作，各职业类型的收入水平差距较小，致使职业类型影响不显著；农民工在城市里没有住房会使其产生漂泊感，不利于其融入城市，而有房的农民工会因还款等压力以及城市的快节奏生活，难以融入城市，导致住房类型影响不显著。收入对农民工城市融入具有显著的正向影响，表明农民工收入越高，越负担得起其在城市生活的各项支出，有利于其融入城市。

4. 社会因素

签订劳动合同对农民工城市融入具有显著负向影响，与预期的相反，但效应较小，原因是部分农民工签订劳动合同后，被迫接受了一些不平等的合同条款，致使其外出打工的目的主要是挣钱而不是融入城市。配偶所在地对农民工城市融入的影响与预期方向不符，但影响不显著，原因是夫妻双方在同一城市打工，收入都较低，城市消费水平过高，在城市生活压力大，和自己独自在城市打工情况一样。此外，社会保障对农民工城市融入具有显著正向影响，与预期相同。表明农民工参加社会保险，就会增加其在城市生活的保障，有利于其融入城市。

（二）累计 Meta 分析结果

本研究采用累积 Meta 分析方法并以抽样时间为序，分析各因素影响强度随时间的变化趋势（图1.1）。

从个体特征因素来看，性别的影响强度总是在"0"附近波动，表明性别并不影响农民工城市融入；年龄对农民工城市融入的影响由不显著逐渐变为显著，而且近几年呈现出稳定的正向影响；婚姻状况在2013年以前对农民工城市融入具有微弱的影响，但之后消失了，原因是近几年物价上涨，已婚或未婚农民工的城市生活成本均较高，所以婚姻状况不再是影响农民工城市融入的主要因素。

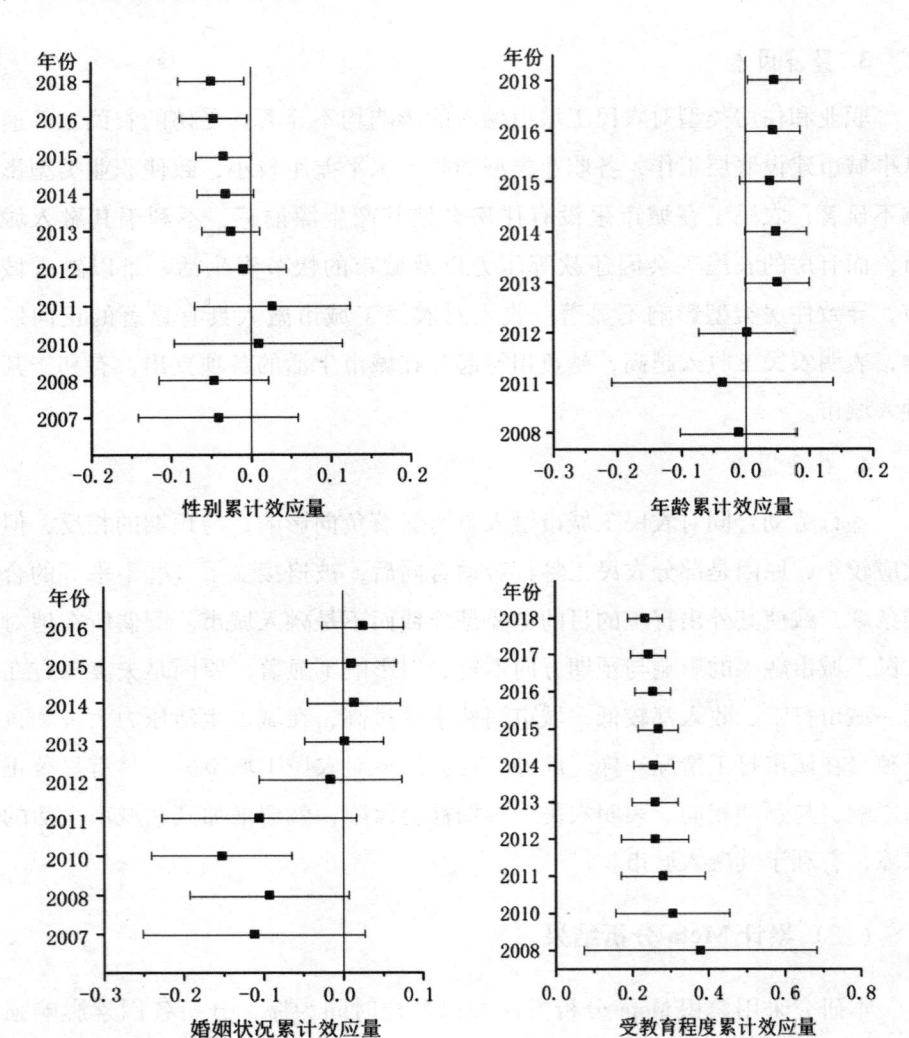

<<< 第一章 农民工城市融入的决定机制

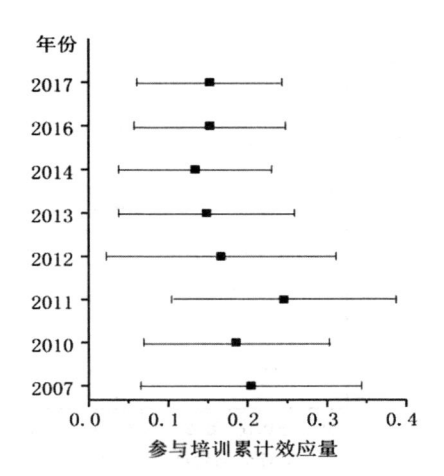

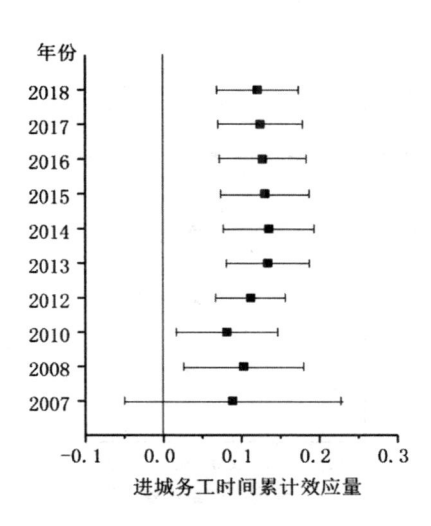

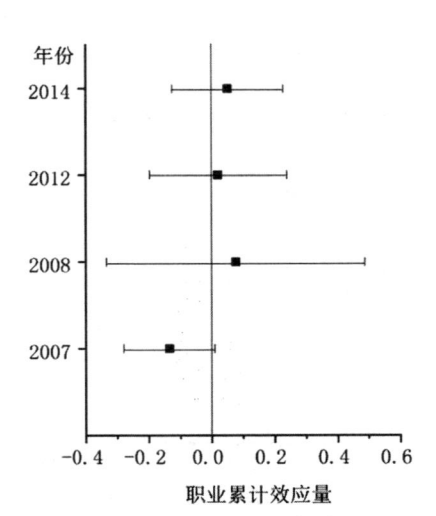

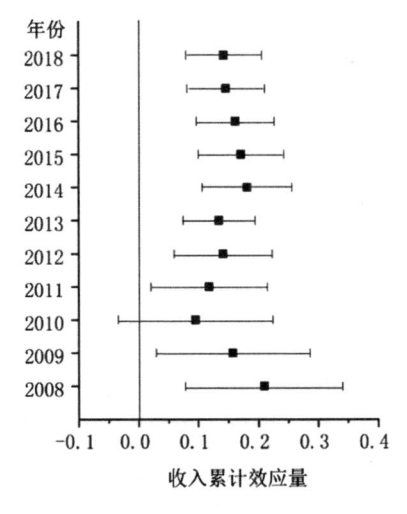

参与培训累计效应量

进城务工时间累计效应量

职业累计效应量

收入累计效应量

19

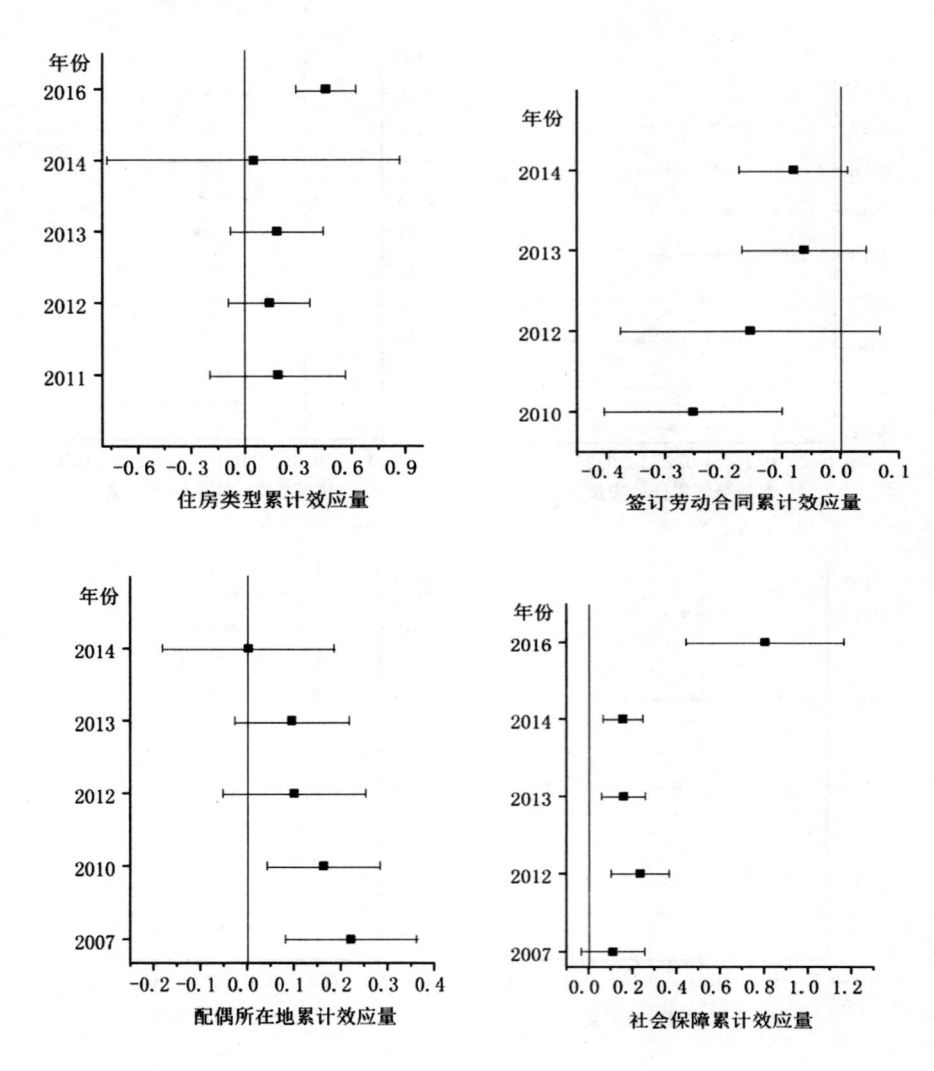

图 1.1 累计 Meta 分析

注：1. 图 1.1 中缺失的年份表示该年没有对应的效应量；2. 图中线段及正方形代表累计效应量；3. 左右两侧表示 95% 的置信区间。

从人力资本因素来看，受教育程度对农民工城市融入起促进作用，虽研究精度有所提高，但其效应在逐渐减弱，原因是近几年教育更加受到重视，使得农民工的受教育程度有所提高，减弱了受教育程度的影响，但受教育程度仍是影响农民工城市融入的重要因素；而进城务工时间的影响总体上呈现出先增大后减小的趋势;参与培训对农民工城市融入具有正向影响,其影响程度总体有所减弱且波动幅度较小。

从经济因素来看,收入会促进农民工融入城市,但近几年影响程度逐渐减弱,原因是近几年农民工更关注在城市生活的社会保障(医疗保险等),减弱了收入的影响程度,但收入仍是影响农民工城市融入的重要因素;职业对农民工城市融入并没有产生显著影响,而且效应基本维持在"0"附近,表明职业并不影响农民工城市融入;此外,住房类型的影响也不显著,且效应趋于"0"附近,表明住房类型不是影响农民工城市融入的主要因素。

从社会因素来看,配偶所在地对农民工城市融入不产生显著影响,且其效应逐渐减弱,表明配偶所在地对农民工城市融入无影响;签订劳动合同的影响呈现逐渐减小的趋势;而社会保障对农民工城市融入具有促进作用,且效应逐渐增强,表明社会保障对农民工城市融入具有重要作用。

总体上,累计 Meta 分析的结果与 Meta 整合分析结果一致,性别、婚姻状况、配偶所在地、职业以及住房类型对农民工城市融入无影响。此外,随着时间推移,社会保障的影响有增加的趋势;而受教育程度、收入、参与培训以及签订劳动合同的影响强度均有不同程度的减弱。表明在今后对农民工城市融入的研究中社会保障是一个重要影响因素,而且抽样时间可能会调节农民工城市融入与各影响因素间的关系。

(三) 应用 Meta 回归方法的调节因素研究结果与分析

对上述分析中存在异质性的变量进行 Meta 回归分析,以寻找异质性来源。根据曾宪涛等人的研究(2012),仅当各因素纳入的研究数量在 10 个以上时才能进行 Meta 回归分析,所以只对性别、年龄、受教育程度、婚姻状况和收入这五个变量进行 Meta 回归分析。

性别因素在控制调节变量后仍存在异质性,但异质性减弱。而且因变量类型显著正向调节性别与农民工城市融入之间的关系,即性别的影响效应在研究农民工城市融入行为方面显著高于农民工城市融入意愿方面。原因是在意愿方面,男女农民工的差异较小,都有想要融入城市的意愿,但是行为不同，男女农民工融入城市的能力会有差异，所以性别对农民工城市融入行为的影响会强于意愿。

年龄在控制调节变量后异质性消失，发现其异质性主要来源为研究指标、因变量类型、因变量测量方式、研究对象、研究区域、期刊类型和期刊影响力。其中，研究指标和因变量类型这两个变量显著负向调节年龄与农民工城市融入之间的关系，使年龄的影响效应在研究农民工城市融入方面显著低于农民工市民化方面，在研究农民工城市融入行为方面也显著低于意愿方面；此外，因变量测量方式、研究对象、研究区域、期刊来源以及期刊影响力均显著正向调节年龄和农民工城市融入之间的关系。对于用二分类方式测量，用指标体系测量使因变量的值更合理，效果也就更显著；与研究农民工城市融入相比，研究新生代农民工时，年龄的影响效应更显著；年龄的影响效应在东部地区和中部地区差异较小且不显著，西部地区显著高于东部地区；与一般期刊相比，SSCI更倾向于发表年龄影响较强或正向影响的文献；此外，期刊影响因子越高，越倾向于发表影响较大的文献。

受教育程度在控制调节变量后仍存在异质性，但异质性有所减弱，其异质性主要源于因变量类型和研究对象。在因变量类型上，受教育程度的影响效应在研究农民工城市融入行为方面显著高于农民工城市融入意愿方面。这是因为受教育程度更能影响个人的行为能力，农民工受教育程度高，能获得更好的就业机会，提升农民工城市生存能力，促进其融入城市；在研究对象上，与新生代农民工城市融入相比，年龄对农民工城市融入的影响效应更显著，产生这一结果的原因是农民工整体的受教育程度差异较新生代农民工要大，所以影响程度也更大。

婚姻状况在控制调节变量后异质性有所减弱，因变量类型是其异质性的主要来源。产生这一结果的原因是城市融入是一种行为，在意愿一致时，婚姻状况更能影响行为。

收入在控制调节变量后仍存在异质性，但异质性减弱，其中因变量类型、因变量测量方式、研究区域以及研究方法是四个显著的调节变量。与城市融入意愿相比，收入对行为的影响更直接，更能增加农民工融入城市的能力,促进其融入城市行为;而对于二分类因变量测量方式而言,指标体系测量使因变量的值更合理,效果也更显著;与东部地区相比,西部地区收入的影响较弱,原因是西部经济较为不发达,收入较低,降低其影响程度;此外,相比 Logit 研究方法,OLS 回归的收入效应更弱,原因是 OLS 并不适用于二分类变量。

三、结论与对策

(一)研究结论

本研究采用 Meta 分析方法对国内外 2006 年 1 月 31 日至 2018 年 12 月 12 日间的 53 篇关于农民工城市融入影响因素的研究文献进行定量分析。在应用 Meta 整合方法将各实证研究结论进行合并的基础上,还应用 Meta 回归方法对各结论差异的来源进行了探索。结果表明:第一,农民工的年龄、受教育程度、进城务工时间、参与培训、收入以及社会保障显著正向影响其城市融入,而签订劳动合同显著负向影响农民工城市融入,在这七个变量中,社会保障的影响程度最大,年龄的影响程度最小。第二,随时间推移,社会保障的影响程度还有增加趋势,可以作为今后的研究方向;虽然受教育程度、收入、参与培训以及签订劳动合同的影响程度有所减弱,但这些因素仍对农民工城市融入具有显著影响,在以后的研究中也应将这些因素考虑在内。第三,目前关于农民工城市融入影响因素研究结论的差异主要来源于原始文献在抽样时间、研究指标、因变量类型、因变量测量方式、研究对象、研究区域、研究方法、期刊类型以及期刊影响力等方面的差异。

本研究运用 Meta 分析方法对目前已有研究进行概括总结,获得了若干有价值的发现,但仍存在以下提升空间:第一,对于农民工城市融入影响因素的研究主要集中在个人特征和认知能力两方面,鲜有研究非认知能力对农民工城市融入的影响,今后可以从非认知能力角度研究其对农民工城市融入的影响,弥补以往研究的空缺。第二,本研究数据来源为已公开发表的期刊文献。由于其他类型文献的数据难以精确获得，所以并未收集，可能存在潜在偏倚，在今后的研究中拟采用适用方法解决这一问题。第三，本研究的部分研究结果与已有研究结论不符，例如配偶工作地点与城市融入没有关系等，原因是所选择的期刊文章质量存在差异，在今后的研究中会筛选高质量期刊文章进行分析。

（二）研究对策

综上所述，通过 Meta 分析得出社会保障是影响农民工城市融入的最主要因素。因此，为了促进农民工城市融入，实现城乡融合，政府需加强对农民工社会保障的关注。

1. 统筹城乡社会保险制度

十九大报告指出，要全面建成城乡统筹的社会保障体系。目前，我国的城乡社会保险制度差距明显，有待更好衔接。一方面可能产生农民工重复参保，增加其经济负担；另一方面农民工无法享受城市社会保险，而农村社会保险无法满足其生病需求的情况。因此，统筹城乡社会保险制度有助于实现社会保险在城乡间均衡发展，增加农民工在城市的社会保障，促进其融入城市。

2. 完善农民工社会保险异地转接工作

农民工养老保险和医疗保险参保率低的原因之一是他们频繁变换工作地域。工作地域的变化会阻碍养老保险和医疗保险接续，影响养老保险和医疗保险时间计算，降低农民工参与社会保险的积极性。因此，完善包括养老保险和医疗保险在内的各类社会保险异地转接，使各类社会保险能跨区域接续，能提高农民工社会保险的参保率，为其在城市生活提供保障，有利于其城市融入。

3. 加大相关政策宣传力度

首先，政府可以在电视、报纸等媒体上介绍养老保险等各类社会保险政策；其次，政府可以在社区等地点发放社会保险的宣传手册；最后，政府还可以通过建立社会保险的微信公众号，向农民工定期推送社会保险政策及其优点的内容。通过这些宣传手段可以增强农民工对养老保险等各类社会保险政策的了解程度，提高农民工养老保险等各类社会保险的参保率，从而增加农民工在城市生活的社会保障，促进其更好实现城市融入。

第二节　城市规模、人力资本积累与新生代农民工城市融入决定

一、理论背景

新型城镇化建设是实现人口城镇化的建设，其核心在于实现流动人口的城市融入。一直以来，户籍及与之相关的福利分配制度被认为是阻碍农民工城市融入的重要因素（任远、邬民乐，2006）。2012年国务院办公厅出台了《关于积极稳妥推进户籍管理制度改革的通知》，明确提出了放开中小城市户籍制度，并要求今后出台的有关就业、义务教育、技能培训等政策措施不要与户口性质挂钩。而在城市流动人口中，新生代农民工是一个特殊的群体，他们城市定居意愿较强，文化程度相对较高，是我国新型产业工人的重要组成部分。他们是否能够顺利融入城市，对于我国新型城镇化建设具有重要作用。那么，在放松户籍制度约束后，新生代农民工如何更好地实现城市融入呢？提升新生代农民工人力资本水平已成为学术界的共识。而人力资本积累的主要方式包括正规教育、培训、迁移、健康等形式，但是针对新生代农民工而言，很难再参加正规的学校教育，而且新生代农民工是已经迁移的群体，往往具有良好的健康水平。因此，本节所考察的新生代农民工人力资本积累主要来自他们参加的在职培训，其中包括入职培训、提升技能培训和企业文化培训等。此外，由于提升技能培训所形成的人力资本为专用性人力资本，该人力资本仅在该工作中发挥作用，如果转换工作该资本将不再发挥作

用。鉴于此，本节除分析人力资本积累对城市融入决定的影响外，还分析了专用性人力资本积累对城市融入决定的影响。

目前新生代农民工接受教育培训的情况不容乐观，据2021年国务院关于印发"十四五"就业促进规划的通知显示，新增劳动力受过高等教育的比例仅五成左右（53.5%），可想而知，新生代农民工受过高等教育的比例更低，难以满足未来新型工业化建设的需要。

综上所述，在放开中小城市户籍限制、产业结构转型升级和新型城镇化建设的背景下，研究新生代农民工人力资本积累与城市融入决定的影响具有重要的现实意义。本研究的贡献之处在于：第一，在研究方法上进行了改进。考虑到新生代农民工人力资本积累与城市融入决定两者之间可能存在的互为因果关系，即一方面人力资本积累会提高城市融入能力或城市融入意愿，另一面决定融入城市者更可能希望通过参加在职培训增强人力资本水平，这会出现内生性问题，从而造成回归结果偏误。本节试图采用得分倾向值匹配方法对该问题加以解决。第二，将人力资本积累进一步细分，考察了专用性人力资本积累对城市融入决定的影响。新生代农民工的专业技能水平将决定未来中国产业工人的质量，有必要细致分析专用性人力资本带来的影响。第三，本研究认为城市融入决定是一个包含城市融入意愿和城市融入能力两个方面的变量，这有利于识别出有效城市融入意愿。第四，本研究运用分位数处理效应模型，考察了不同城市规模下人力资本积累对城市融入程度差异的影响。特别是在放开中小城市户籍限制的政策背景下，从人力资本积累的角度，为促进中小城市新生代农民工市民化，提供一定参考。

二、理论框架及倾向值匹配方法

（一）理论框架

人力资本积累对新生代农民工城市融入决定的作用机制如图1.2所示。具体来讲，人力资本积累对新生代农民工城市融入的影响机制，可从人力资本积累对新生代农民工经济地位和社会地位影响的角度进行分析。第一，人力资本积累可以提高新生代农民工的人力资本水平，从而提高生产效率，进而增加工资收入，提高城市融入能力；第二，随着人力资本水平的提高，新生代农民工的职业阶层也会提高，从而容易获得较高的社会地位，也会提升他们进入城市的意愿。

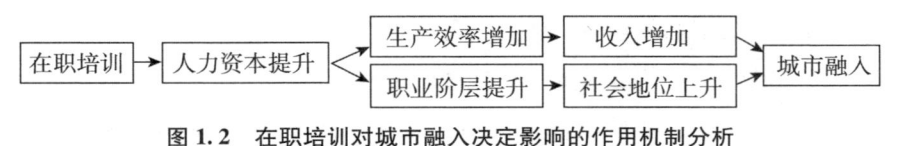

图1.2 在职培训对城市融入决定影响的作用机制分析

然而，不同城市规模下，人力资本积累的净收益并不相同，本节通过构建培训净收益模型对此进行分析。模型基本形式如下：

$$\pi = TR(E) \times p - TC \tag{1-1}$$

其中，π 为培训净收益；E 为人力资本水平；TR 为培训总收益，它是人力资本水平 E 的函数，即当人力资本水平一定时，收入水平是固定的；p 则为在打工城市定居的概率，即在打工城市定居概率 p 越大，则 $TR \times p$ 越大；TC 为培训的总成本。本节假定培训的收益和成本仅是人力资本水平的函数，即在人力资本水平给定的条件下，TR 和 TC 为一固定值。因此，培训的收益取决于新生代农民工在打工城市定居的概率。然而，多数农民工选择回老家的城市定居，城市化意愿强烈，县城和地级市等中等规模城市是农民工选择定居的主要城市类型（夏怡然，2010）。此外，新生代农民工在中小城市定居的主要原因还包括：首先，他们选择定居的中小城市往往是其家乡所在地区，他们与当地市民的文化、风俗、习惯更相似，与当地人在交往过程中更容易彼此理解，从而节省了交易成本。其次，由于新生代农民工更熟悉家乡所在城市的情况，从而容易分辨哪些行业有利于自己发展，哪个企业对自己更合适，所以在中小城市打工的新生代农民工更倾向于找到适合的工作岗位，增强了个体与职位的匹配。最后，大城市的定居成本很高，到中小城市谋业定居将成为农村进城务工人口的较好选择（辜胜阻、郑超、曹誉波，2014）。因此，新生代农民工在中小城市的培训净收益要高于在大城市的培训净收益。

（二）得分倾向值匹配方法

许多研究表明，新生代农民工人力资本投资行为受到城市融入决定的影响，如果是永久迁移者，更倾向于对其人力资本进行投资。分析人力资本积累对城市融入决定的影响时，就会出现内生性问题。这将使回归系数不具有统计上的一致性，可信度较低。在处理内生性问题时，计量经济学通常考虑用工具变量法、社会实验法和倾向值匹配法（Propensity Score Matching，以下简称 PSM）。不过由于现实中通常难以找到合适的变量充当工具变量，即便有的工具变量性能比较好，但也容易引起争议（陶然、周敏慧，2012）。另外，进行社会实验法可能是一个很好的分析人力资本积累对城市融入决定的方法，但是这种方法不仅在实际操作层面耗资巨大，而且新生代农民工的流动性也致使该方法难以在各行各业的新生代农民工中采用。

近年来，广泛采用的一种解决内生性的方法是 PSM 法。该方法的核心思想是为处理组（treatment）找到一个合适的反事实对照组，以使得在各特征变量相匹配的条件下，考察单一变量的变化带来的影响（Rosenbaum P R，Rubin D B，1983）。具体到本研究，通过构建一个在年龄、性别、行业、人力资本、社会资本等个体特征相似，仅在是否接受培训上存在差异的对照组和处理组，分析培训对城市融入决定的影响。具体如下式所示：

$$\begin{aligned} ATT &= E[Y_{1i} - Y_{0i} \mid D_i = 1] \\ &= E[Y_{1i} - Y_{0i} \mid D_i = 1, p(X_i)] \\ &= E[Y_{1i} \mid D_i = 1, p(X_i)] - E[Y_{0i} \mid D_i = 0, p(X_i)] \end{aligned} \quad (1-2)$$

其中，$p(X_i)$ 为参加培训的概率，ATT 为培训对城市融入决定的平均影响效应（Average Treatment Effect on Treated），即在其他特征匹配的条件下，参加培训者城市融入决定与未参加培训者城市融入决定条件均值差。

应用该方法需要满足两个基本条件：共同支撑假定和平行假设。其中，共同支撑假定要求得分倾向值能在较大程度上重合，平行假设则要求匹配样本的特征要相似，匹配后对照组和处理组的差异不显著，而且处理组所有变量联合显著为零。结合已有文献和可得数据，本研究选择三类特征控制变量。首先，是个体特征，包括性别、年龄等；其次，是人力资本和社会资本，包括受教育程度、社会网络等；最后，是职业特征，包括工作的行业、对工作的满意度等。考虑到不同城市规模存在的差异，本研究还针对不同城市规模下，培训对城市融入决定的影响进行了分析。此外，得分倾向值要求在计算倾向值得分后进行样本匹配时，还需要进行平衡性检验（Balancing Test）。本研究利用Stata11.0软件分别运用最近邻匹配、半径匹配和核匹配方法，分析了新生代农民工参加培训对城市融入决定的影响，并对匹配后样本进行了平衡性检验，发现匹配时所使用的控制变量不存在系统差别，通过了平衡性检验。

三、数据来源及描述性分析

（一）数据来源

本研究使用的数据来自2012年7月沈阳农业大学农村劳动力转移研究团队进行的"新生代农民工社会融入调查"。该调查在辽宁省的沈阳、鞍山、锦州、台安、北镇5城市随机抽取18~32岁有过非农职业经历者进行问卷调查，共获得有效样本量636份。此次调查以辽宁省为调查对象，主要考虑到辽宁省是东北老工业基地，工业化和城镇化程度较高，大量年轻农村劳动力到周边城市打工，这对于研究中小城市新生代农民工城市融入问题具有一定的代表性。另外，考虑到城市等级与城市规模高度相关，许多行政资源分配与城市等级联系紧密，本研究选择副省级城市沈阳作为大城市样本，选择地级市鞍山和锦州作为中等城市的样本，选择县级市台安和北镇作为小城市的样本，来分析人力资本积累对新生代农民工城市融入的影响。

（二）基本描述统计分析

1. 不同城市规模下，新生代农民工的基本情况

大中小城市新生代男性农民工约占新生代农民工总数分别为83%、70%和40%。这说明，不同城市规模下新生代农民工的性别比例存在较大差异。大城市新生代农民工学历在高中及以上所占的比重接近40%，而中等城市只有22%左右，小城市则不足15%，这说明大城市新生代农民工的人力资本水平要高于中小城市。不同城市规模下，新生代农民工具有人力资本积累的比重大致相同，都在75%左右，不过在专用性人力资本积累中，约有33%的中等城市新生代农民工参加过技能提升培训，该数据在大城市中则不足30%，而在小城市仅为23%左右。新生代农民工的城市融入决定也同样存在城市规模差异，比如大城市的新生代农民工决定融入打工城市的比例为62.17%，中等城市为70.42%，而小城市则达到80.67%。另外，样本中制造业新生代农民工约占23.27%、建筑业约占24.06%、服务业约占52.67%，这基本符合新生代农民工行业分布的特点。

2. 不同城市规模下，新生代农民工的人力资本积累与城市融入决定的相关分析

具有人力资本积累的新生代农民工决定融入城市的比例均高于没有人力资本积累的新生代农民工，而且城市规模越小，人力资本积累对城市融入决定的影响程度越大。不过，这仅仅是一种相关关系的分析，需要通过进一步更细致的回归分析，才能得到更可靠的结论。

四、人力资本积累对城市融入决定的影响

（一）人力资本积累对城市融入决定影响的 Logit 模型分析

为比较 Logit 模型分析结果与 PSM 分析结果，我们按照以往文献普遍采

用的 Logit 模型，对影响新生代农民工城市融入决定的因素进行了分析，回归结果表明，加入性别、年龄、受教育程度、月工资收入、行业、社会资本等控制变量后，人力资本积累和提升技能培训都能显著提高新生代农民工城市融入决定。但从城市规模看，在大城市，无论人力资本积累还是提升技能培训都不会显著影响新生代农民工城市融入决定；在中小城市，只有参加技能培训才会显著影响新生代农民工城市融入决定。不过正如前文所述，由于可能存在变量间互为因果关系，带来内生性问题，对回归结果造成偏误，因此，如何排除互为因果关系的影响，以及可能遗漏变量的影响，还需进行更深入细致的分析。

（二）人力资本积累对城市融入决定影响的 PSM 分析

通过 PSM 方法计算得到人力资本积累对新生代农民工城市融入决定的影响。在对性别、年龄、人力资本水平（受教育程度）、社会资本水平（经常联系的朋友所在城市）、工作行业、对目前生活的满意度等方面进行匹配后，按照城市规模和匹配方法的不同，分别报告了处理组和对照组的差异及其显著性水平。对于全部样本而言，处理组与对照组的差异显示，人力资本积累使新生代农民工决定融入打工城市的比重提高 12% 左右。但是在大城市这种影响并不显著，而在中小城市则会显著提高 15% 左右。以上结果说明，在不同城市规模下，人力资本积累对新生代农民工城市融入决定的影响是不同的。究其原因，我们认为在具有相同特征的新生代农民工样本中，由于不同城市规模的定居成本相差较大，通过人力资本积累并不能使大城市的新生代农民工获得足够的人力资本回报，难以支撑城市定居成本，所以其城市融入决定不会有较大提高。而中小城市的定居成本相对较低，特别是放开中小城市户籍限制后，新生代农民工将享用到城市社会福利，定居成本会进一步降低，从而更有能力融入城市。

（三）专用性人力资本积累对新生代农民工城市融入决定影响的 PSM 分析

根据人力资本积累理论，提升技能培训会提高专用性人力资本积累水

31

平。通过提升技能培训对新生代农民工城市融入决定影响的 PSM 分析结果显示①，对于全部样本而言，无论采用哪种匹配方法，参加提升技能培训对新生代农民工的城市融入决定都不会有显著影响。分城市规模而言，在大城市工作的新生代农民工不会因为参加了提升技能培训而增加城市融入决定。相反，在中小城市接受过提升技能培训的新生代农民工比未接受过技能培训者，融入城市决定会显著提高 13% 左右。

造成这种现象的原因有以下两点：第一，在大城市，技能提升培训带来的预期收入难以支付城市定居成本；而在中小城市，新生代农民工参加技能提升培训的预期收入会支付城市定居成本。因此，在中小城市，具有基本相同特征的新生代农民工，参加技能培训会显著提高其城市融入决定。第二，中小城市劳动力平均人力资本水平相对较低，高技能的新生代农民工人力资本收益率较高。许多研究已证实，中小城市劳动力的人力资本水平比大城市人力资本水平低，新生代农民工与中小城市市民的人力资本水平差距较小，甚至与当地市民形成了就业替代。因此，当新生代农民工获得一定技能之后，他们更容易在城市劳动市场中获得就业机会，从而获得较高的收入，能够支付城市定居成本，从而提高他们融入城市决定。

五、结论与讨论

（一）Logit 模型与 PSM 分析方法结果的比较

通过对比分析 Logit 模型与 PSM 分析方法的结果发现，对于中小城市而言，无论人力资本积累还是技能提升培训，采用 PSM 方法得到的结果均是显著的。这说明，在解决内生性问题后，人力资本积累对新生代农民工中小城市融入决定具有显著影响。但是，无论采用哪种方法，人力资本积累对新

---

① a. 近邻匹配结果是按照 1∶3 进行匹配得到的结果，我们也计算了按照 1∶1 和 1∶2 进行匹配的结果，都表明在中小城市新生代农民工的人力资本积累对城市融入决定有显著影响；b. 半径匹配的半径为 0.01，同时扩大或缩小半径，对结论的影响程度不大。

生代农民工大城市融入决定均不具有显著影响。这进一步表明了本研究结论的稳健性。

(二) 城市融入决定的再分析——有效城市融入决定

1. 有效城市融入决定的概念

正如前文所述，许多新生代农民工城市融入决定的调查实际为一个显变量，是综合其自身情况和制度政策情况而做出的决策。其中有部分新生代农民工可能具有强烈的城市融入意愿，但是由于制度的限制或者其他约束条件（如农村土地流转政策限制、城市公共服务享用缺失等）的制约，而做出"不愿定居打工城市"的决定，这显然不是真实的意愿。一旦随着户籍制度的放开或者其他约束条件的破除，这类群体可能会决定在打工城市定居。而且，这些潜在城市融入决定是否有效，还需要结合城市融入能力考虑。因此，本节通过构建基于城市融入意愿和城市融入能力的二元联立方程组，采取需求可识别的Biprobit模型，测度新生代农民工个体的有效城市融入决定。识别潜在城市融入决定者的具体方法为：（1）"打算在打工城市定居"为具有显性城市融入决定者；（2）"不打算在打工城市定居"但"喜欢城市"，为具有隐性城市融入意愿者；本节将（1）和（2）称为潜在城市融入决定。若新生代农民工月工资收入大于打工城市月人均可支配收入者，则被认为具有城市融入能力。

因此，本节拟估计一个意愿和能力均衡的联立方程模型，以测度新生代农民工有效城市融入决定。由于被解释变量均为0-1分布变量，本研究借鉴李锐等人（2007）、黄祖辉等人（2009）和周密等人（2012）的研究方法，采用需求可识别的Biprobit模型及其估计方法解决这类问题。令 y_1^* 代表新生代农民工城市融入意愿的隐含变量，y_1 代表新生代农民工城市融入意愿的决策变量；y_2^* 代表农民工城市融入能力的隐含变量，y_2 代表新生代农民工是否具有城市融入能力的决策变量；x_1 为影响新生代农民工城市融入意愿的解释变量，x_2 为影响新生代农民工城市融入能力的解释变量。

2. 有效城市融入决定的测度

根据以往文献的研究结论，影响新生代农民工城市融入意愿的因素包括：性别、年龄、受教育程度、行业、婚否、社会资本、是否接受过培训、家庭迁移模式、居住位置、打工前家庭经济阶层；影响新生代农民工城市融入能力的因素包括：性别、年龄、受教育程度、行业、社会资本、打工城市规模。其中，打工前家庭经济阶层、所在城市的居住位置、家庭迁移模式和婚否作为城市融入决定的识别变量，这些变量与打工收入之间不存在显著的相关性，可作为识别变量。另外，城市规模对于打工者的工资收入有显著影响，但在理性经济人的假定条件下，农民工打工城市的选择往往是在收益最大化而成本最小化之时。因此，打工城市的选择仅与工资收入有关，而与城市定居意愿不直接相关，可以作为城市融入能力方程的识别变量。运用Stata11.0软件对联立二元离散选择模型进行回归后，得到的逆米尔斯比通过了显著性检验，这说明选择的识别变量是合适的。

3. 不同城市融入决定下人力资本积累的影响

根据上述新生代农民工潜在城市融入决定的测度结果，运用分位数处理效应模型（QTEs），分析了人力资本积累对不同程度的城市融入决定影响差异。研究发现，无论在大城市还是在中小城市，人力资本积累会促进具有城市融入能力但城市融入意愿不足者决定在打工城市定居，这种影响在大城市要高于在中小城市。这进一步说明，加强对新生代农民工人力资本水平的提升，在提高新生代农民工城市融入能力的同时，也有助于增强新生代农民工城市融入意愿。

（三）研究结论

本节通过对辽宁省五市的实地调研，运用PSM模型分析方法，对不同城市规模下新生代农民工的人力资本积累与城市融入决定问题进行了研究。研究发现，人力资本积累对提高中小城市新生代农民工城市融入决定具有显著正影响，对大城市新生代农民工的影响不显著。不过，识别出具有潜在城市融入决定者后，我们发现，在城市融入意愿不足时，通过增加人力资本积累会显著提高新生代农民工的城市融入决定。因此，在放开中小城市户籍限制下，应加强对中小城市新生代农民工的人力资本投资，可以形成政府、企业和个人等多方投入机制，以显著促进他们更好地融入城市，真正实现人口城镇化。

第二章　农民工城市融入对城市劳动力市场的影响

第一节　农民工城市融入对劳动力市场就业的影响

一、研究背景

随着中国城镇化进程的不断加快，大量农业转移人口进入城市劳动力市场。据《国家新型城镇化规划（2014—2020年）》公布的数据显示，目前我国常住人口城镇化率为53.7%，户籍人口城镇化率在36%左右。而且，到2020年常住人口和户籍人口的城镇化率将分别达到60%和45%。这意味着未来将有1亿左右的农业转移人口在城镇实现就业。

然而，在不同规模的城市，农业转移人口准入条件存在较大差异。目前，中国的特大城市实施严格控制人口规模的政策，大城市实施积分落户政策，而中小城市则取消了落户限制。差异化的城市落户政策，阻碍了劳动力的自由流动。而且，围绕发展大城市或小城镇，学界也存在不同声音。陆铭（2015）认为，应该依靠市场的力量配置劳动力资源，而不是控制特大城市人口规模，魏后凯（2015）也指出，控制特大城市人口规模政策的实施效果并不理想。

那么，在既定的政策框架下，农村劳动力进入不同规模的城市对本地市民的就业具有怎样的影响？为回答该问题，首先，本节拟从理论上分别分析农民工城市融入对城市高级劳动力市场和次级劳动力市场就业有怎样的影响;其次,实证分析农民工城市融入对本地市民就业的非线性影响;最后,分析这种非线性影响的城市规模异质性。以期充分了解农民工进入不同规模城市对本地市民就业的影响,为政府出台相关政策提供参考。

国际发展经验表明,移民的进入扩大了城市规模,促进了城市本地劳动力市场的生产效率、工资水平和就业率的提高。马歇尔早在19世纪末就分析了城市规模的扩张有利于投入品的分享、劳动力积聚以及知识溢出效应的发挥。随着生产规模报酬递增理论、消费者偏好具有多样性以及交通成本等理论的提出以及经验文章的证实,积聚更有利于生产效率的提高。然而,农民工是一个特殊群体,是户籍制度下的产物,他们往往具有较低的人力资本且不能享受城市相关福利,这值得我们针对这类群体进行更加细致的分析。

目前已有较多文献关注外来人口对本地劳动力市场工资的影响,但研究结论并不一致。博尔哈斯(2003)的研究表明,外来人口进入对本地劳动力的就业和工资有替代作用,但卡得(2001)的研究表明这种影响并不显著。针对农民工这一特殊群体,国外的文献研究较少,较多文献分析了低技能劳动力的进入对本地劳动力市场工资的影响。其中,一个重要的研究结论是,城市规模的扩大对农民工工资水平的提高具有促进作用,且两者之间呈现非线性影响(梁婧等,2015)。主要原因在于:由于农民工是城市中低技能劳动者的主体,主要就业于低技能服务业,尽管技能偏向型技术进步降低了大量重复性劳动的需求,却增加了对保洁、保姆、高技能产业工人等人工工作的需求(Autor et. al,2003)。尽管国内已有研究表明城市规模与农民工工资水平之间呈正的线性相关(王建国等,2015),但是越来越多的文献发现,城市规模对农民工工资水平的影响或劳动生产率的影响并非是线性的(高虹,2014)。

然而,农民工融入对本地市民就业影响的文献却较少,分析城市规模异质性的文献就更少了。既有的文献较多地关注了城市规模和工资之间的关系,而关注城市规模对就业影响的文献却较少(陆铭等,2012)。既有的孤篇文献研究结果也不一致,有的研究表明,外来劳动力增加会降低城市本地劳动力的就业率(刘学军等,2019);而有的研究却证实,城市规模的扩大会提高个人就业概率（袁志刚等，2015）。文献研究结论的差异，可能是外来人口的异质性影响，即外来民工与外来市民对城市劳动力市场的影响存在差异。因此，本章着重分析农民工城市融入对本地市民就业率的影响。此外，本节还将考察这种影响是否是非线性的。

二、数据及模型

（一）CGSS 数据库介绍

中国综合社会调查（以下简称 CGSS）目前已经公开的数据库包括 CGSS2003、2005、2006、2008、2010、2011、2012 和 2013。其中 CGSS2003 的调查对象多为具有城镇户口者，占调查总数的 93%，具有农村户口者仅占 7%，而本章分析的重点是农民工城市融入的影响，由于农民工样本量过小，会对分析结果带来影响。因此，本章没有使用 CGSS 2003 的数据，而使用了其余各年份的数据。

本节的数据处理过程如下。第一，由于本节拟分析农民工城市融入对本地市民就业率的影响，去掉了农村地区样本。第二，个体样本限定在男性 18~59 岁、女性 18~54 岁之间，具有农村户籍且一年在外累计务工时间超过六个月的劳动力。第三，按照不同城市等级对样本进行了分类，包括北上广的市辖区为特大城市，省会城市的城区为大城市，其余为中小城市（包括直辖市及省会城市的非市辖区、地级市和县级市）。CGSS 2005、2006 和 2008 年城市规模的编码如周密等人（2014）文章所示。然而，在 CGSS 2010 及以后年份的数据中，地区编码发生了变化，我们则根据数据中显示的地区名称，结合本节对样本地区划分的原则，划归了各样本地区的城市等级。

需要注意的是，在本节中城市规模与城市等级的概念是一致的。这主要是因为，中国城市的公共产品和公共服务供给与城市等级相关，即直辖市或省会城市会享用更多的公共产品或公共服务财政补贴。因此，用城市等级反映城市基础设施差异以及由此带来的城市劳动力市场差异是合理的。此外，城市规模除了包括人口规模以外还包括城市地域面积,如果仅以人口规模进行划分,并不能反映地域面积差异带来的影响,而城市等级是政府根据当地人口规模、地域面积和城市发展需要等进行的宏观战略部署,更能反映出城市劳动力市场的综合情况。最后,从城市等级的角度进行分析,也可以为已有的研究结论提供更多的证据。

(二) 城市本地市民就业率及其演变

图 2.1 表明,在特大城市,农民工进入会提高本地市民的就业率,而在大城市这种效应不明显,在中小城市则降低本地市民的就业率。总体上看,农民工城市融入对本地市民就业率影响不显著。以上仅仅进行了简单的线性相关分析。正如散点图所示,两者之间可能存在非线性关系,我们在后文的计量模型检验时会进一步加以验证。

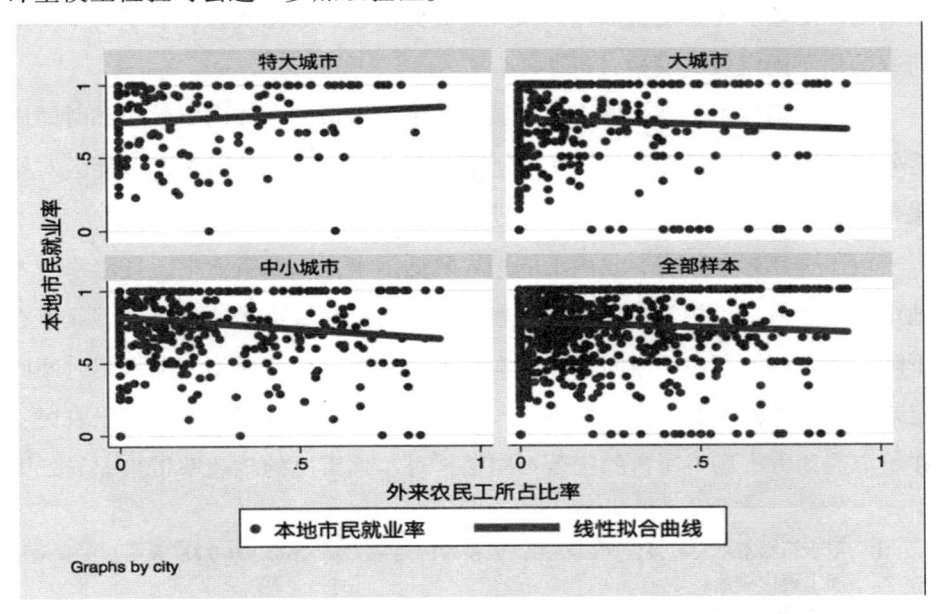

图 2.1 不同城市规模下城市劳动力市场农民工所占比重及其演变

不同城市规模下,城市本地市民的就业率变化也存在差异。特大城市和大城市本地市民的就业率基本呈现不断上升的趋势,仅仅在 2011 年和 2012

年有小幅度下降，而中小城市本地市民的就业率无明显变化。值得注意的是，2006年和2008年本地市民的就业率均有较大程度提高。主要原因在于，一方面2006年的抽样规则发生了变化；另一方面，2008年爆发了金融危机，本地市民就业率有了一定幅度的下降。

三、计量模型结果分析

（一）面板数据回归的参数估计

1. 农民工城市融入对不同城市规模本地市民就业率的影响

根据第三部分面板数据模型的分析，本章的数据使用传统豪斯曼检验无法确定固定效应还是随机效应。聚类稳健标准差的豪斯曼检验表明，本章的研究适用于固定效应模型（FE）[①]。

针对全部样本、特大城市、大城市和中小城市的个体固定效应和时间固定效应的面板回归模型[②]，存在部分样本中没有农民工的因素，可能会对结果带来影响，本节又选择了农民工迁移率大于0的地区进行回归。

对于全部样本而言，农民工的进入降低了本地市民就业率。迁移率与本地市民就业率呈负相关关系，即随着迁移率的提高城市本地市民的就业率在下降。考虑可能存在的时间效应，本节采用双固定效应模型，加入了时间固定效应，结果仍表明农民工城市融入降低了本地市民的就业率。基于农民工在城市劳动力市场中所占的比重不同是否对本地市民的就业率带来差异，即

---

① 限于篇幅本章没有报告回归结果，但检验的结果 $Prob > chi2 = 0.0000$ 表明，更应采用固定效应模型。
② a. 在回归的过程中我们考虑了迁移率最高幂次分别为一次和二次，有显著正影响，且二次项系数不显著。而加入三次项后，迁移率的各幂次均显著。此外，我们还进行了迁移率的二次项、三次项的联合显著性检验，结果显示两者是联合显著的。因此，我们最后只报告了最高幂次为三次的回归结果。b. 由于部分样本中没有农民工，可能会对结果带来影响，本章又选择了农民工迁移率大于0的地区进行回归；c. 样本中的控制变量包括：人均受教育程度、人均工作年限、对数人均收入、地区虚拟变量等。

农民工融入对于本地市民就业率是否可能存在非线性影响。本节又加入了迁移率的二次项和三次项。该结果表明，迁移率与本地市民的就业率之间确实呈现出了一个三次函数关系，即随着迁移率的提高，本地市民的就业率呈现出先下降后上升再下降的规律。

考虑到某些样本地区中农民工迁入人数过少，可能对结果带来偏差，本章对样本进行了选择，即只保留农民工人数大于0的样本。结果表明，迁移率与本地市民的就业率之间依然呈现出三次函数关系，再次验证了此前的研究结果。同时，我们还对农民工人数大于20的样本进行了回归，依然得到了相同的结论，但由于篇幅所限，没有对此结果进行报告。

观察特大城市中农民工的融入对本地市民的就业率影响。其中，三次项系数不显著，二次项系数为正，说明农民工迁移率与本地市民就业率之间呈现开口向上的抛物线关系，即随着农民工的融入，大城市本地市民的就业率先下降再上升。可能的原因在于，随着农民工的融入，特大城市劳动力需求有限，部分农民工替代了特大城市本地市民的工作。不过，随着分工的专业化和城市规模经济，本地市民将很容易找到合适的工作。

观察大城市中农民工的融入对本地市民的就业率影响。其中三次项系数显著为正，这说明两者之间呈现先上升后下降再上升的关系，即随着农民工的融入，大城市本地市民的就业率呈现先上升，而后下降，最后又上升的趋势。这进一步验证了前文理论分析的结论。

观察中小城市中农民工的融入对本地市民的就业率影响。其中三次项系数显著为负，这说明两者之间呈现先下降后上升再下降的关系，即随着农民工的融入，中小城市本地市民的就业率先下降，而后上升，最后又下降的趋势。这也验证了前文的理论分析。

（二）面板数据回归的半参数估计

考虑到农民工迁移率对本地市民就业率可能存在的非线性影响，本节采用了半参数估计方法，对面板数据进行了结果分析，结果如图2.2所示。在特大城市中，随着农民工迁移率的增加，本地市民的就业率基本呈现出先减少后增加的趋势，这进一步验证了本章此前参数估计的结果。在大城市中，随着农民工迁移率的增加，本地市民的就业率呈现出先增加，后下降再增加的趋势，这也与参数估计的结果相类似。在中小城市中，随着农民工迁移率的增加，本地市民的就业率呈现出下降、上升、下降的趋势，这也与参数估计的结果基本相类似。只是在参数估计中，我们根据经济发展理论的特点和以往文献的处理经验，只设置了三次项，而半参数估计的结果可以更好地拟合样本数据的特点。

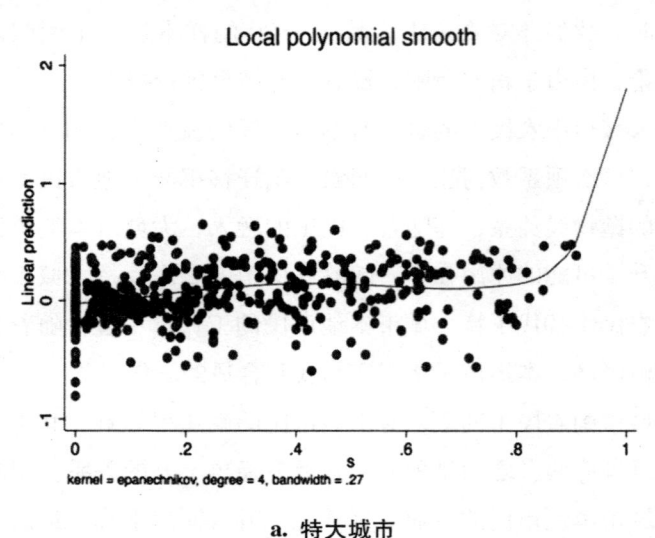

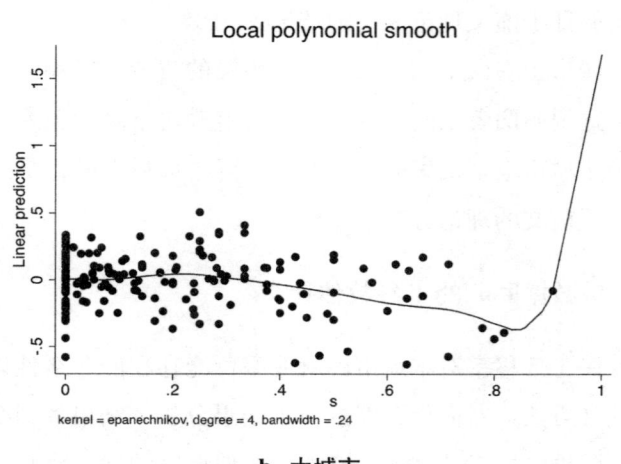

a. 特大城市

b. 大城市

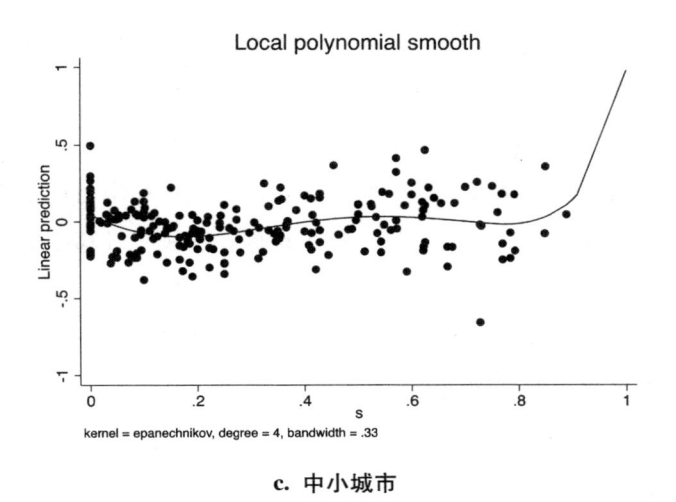

Local polynomial smooth

kernel = epanechnikov, degree = 4, bandwidth = .33

c. 中小城市

图 2.2 各类城市面板数据结果分析

（三）城市规模的异质性分析

为进一步说明农民工融入不同规模的城市对本地市民就业率影响结论的稳健性，本章又按照不同区域对样本进行了细分，分别考察了在东部、中部、西部地区，特大城市、大城市和中小城市中农民工融入对本地市民就业率的影响。这是因为，即便在同样的省会城市，东部地区与西部地区在市场化程度、经济发达程度、城市劳动力市场的完善程度等方面均存在差异。那么，农民工融入不同规模的城市中，对当地城市劳动力市场的影响，是否会因为地域的差异而存在差异呢？

我们的分析结果表明[①]，东部地区特大城市中，农民工城市融入与本地市民的就业率呈现 U 形关系，即随着农民工的城市融入先降低了本地市民的就业率，但随着农民工数量的增多，产业规模的扩大，又会不断提升本地市民的就业率。在大城市中，东部、中部和西部的影响并不一致，在东部地区，农民工迁移率的三次项系数为正，这说明两者之间呈现先上升后下降再上升的关系；而在中部地区，农民工迁移率的三次项系数为负，这说明两者

---

① 控制变量包括：人均受教育程度、人均工作年限、对数人均收入、地区虚拟变量等。

之间呈现先下降后上升再下降的关系;而在西部大城市地区,两者之间并没有显著影响。在中小城市中,东部、中部和西部的影响也不一致,在东部地区农民工迁移率的三次项系数为正,这说明两者之间呈现先上升后下降再上升的关系三次项系数不显著;在中部地区,农民工迁移率与城市本地市民就业率之间呈现 U 形关系;而在西部大城市地区,农民工迁移率的三次项系数为负,这说明两者之间呈现先下降后上升再下降的关系。上述研究结论表明,在不同经济发达程度地区,农民工城市融入对本地市民就业率的影响并不一致,两者之间非简单的线性关系。

四、结论

本节通过对城市劳动力市场中本地市民就业率决定的分析,发现农民工的融入降低了本地市民的就业率,但对不同城市规模劳动市场的影响存在较大差异,其中农民工城市融入促进了特大城市和大城市本地市民的就业率,而降低了中小城市本地市民的就业率。此外,在不同经济发达程度下,农民工城市融入对本地市民就业率影响的作用机制不同,在东部经济发达地区,农民工融入会促进大城市本地市民就业,而在经济欠发达地区,农民工进入则会降低本地市民的就业。因此,相应的政策含义是,在放开中小城市户籍限制的条件下,应进一步放开大城市和特大城市的户籍限制,充分发挥城市的规模经济,促进本地市民和外来农民工的共同发展,促进整个社会的福利水平提高。

第二节 农民工城市融入对城市劳动力市场工资的影响

一、数据来源

本节对农民工样本数据进行如下处理。第一，本节研究的是农民工对城市劳动力市场影响，去掉了农村地区样本。第二，个体样本限定在男性18~59岁、女性18~54岁之间，具有农村户籍且一年在外累计务工时间超过六个月的劳动力。第三，只保留了从事工资性工作的样本。主要原因在于我们无法区分自我雇用者的劳动收入和资本收入。第四，根据全国行政区划代码的编制原则，我们按照不同城市等级将样本分为，包括北上广市辖区的特大城市，省会城市城区的大城市，其余为中小城市（包括直辖市及省会城市的非市辖区、地级市和县级市）（周密等，2014）。第五，东部、中部、西部地区界定。根据全国人大规定，西部地区包括四川、重庆、贵州、云南、西藏、陕西、甘肃、青海、宁夏、新疆、广西、内蒙古；中部地区包括山西、吉林、黑龙江、安徽、江西、河南、湖北、湖南；东部地区包括北京、天津、河北、辽宁、上海、江苏、浙江、福建、山东、广东和海南等省（市）。

二、计量模型结果分析

（一）静态影响：农民工融入对不同城市规模下劳动力市场工资影响的估计

首先针对全部样本进行回归，在变量选择及函数形式上存在差异；然后分析农民工迁移率大于0地区，农民工迁移率对城市劳动力市场工资影响，剔除极端值影响；最后分析特大城市、大城市和中小城市样本地区分别回归的结果。解释变量分为两组①。

解释变量第一组关注"迁移率"及其不同幂次对城市劳动力市场工资决定的影响。结果显示，迁移率与城市劳动力市场的工资水平呈正相关关系，即随着迁移率的提高，城市劳动力市场的工资水平在上升；当加入迁移率的平方项后，两者呈现显著的倒 U 形关系，而且我们可以推算出只有当迁移率高达 71% 后，移民人数的增加才会降低城市劳动力市场的工资水平；在给定其他变量的前提下，两者依然呈现显著的倒 U 型关系，我们也可以推算出当迁移率达到 72% 后，移民人数的增加会降低城市劳动力市场的工资水平，对比两者的结果，我们发现工资达到峰值时的迁移率水平是大致相当的。不过为得到稳健可靠的结果，我们进一步以各组样本量为权重对面板数据的固定效应进行加权回归。结果显示，迁移率与城市劳动力市场工资水平之间呈现一个三次函数关系，三次项系数 $a<0$ 且 $4b^2-12ac>0$，即随着迁移率的提高，工资呈现出先上升后下降再上升的规律。分城市规模看，在 5% 的显著性水平下，小城市的回归结果显示，迁移率与城市劳动力市场工资水平也呈现出先上升后下降再上升的规律，大城市的回归结果则显示出显著的倒 U 形关系，而特大城市的回归结果则显示出显著的正线性关系。综合以上分析，我们认为农民工迁移率与城市劳动力市场工资水平之间的关系与城市规模有关，城市规模越大，这种正线性关系越强，只有当农民工迁移率达到接近 70% 的时候，才会出现负的影响。

解释变量第二组"区域特征"关注了东部、中部、西部地区差异和特大城市、大城市、中小城市的城市规模差异对城市劳动力市场工资的影响。回归结果显示，在其他变量不变的条件下，中部和西部地区的城市工资水平均低于东部地区，且中部地区城市工资水平要低于西部地区；分城市规模看，中小城市中中、西部地区城市工资差异不大，两者在大城市的工资差异相对

---

① a. 在回归的过程中我们考虑了迁移率最高幂次分别为一次和二次，相应的回归结果均显示有显著的正影响，且二次项系数不显著。而加入三次项后，迁移率的各幂次均显著。此外，我们还进行了迁移率的二次项、三次项的联合显著性检验，结果显示两者是联合显著的。因此，最后我们只报告了最高幂次为三次的回归结果。

较大。从城市规模看，城市劳动力市场的工资水平由高到低依次为特大城市、大城市和中小城市。此外，时间虚拟变量的回归结果也显示出，工资水平基本呈现出逐年递增趋势。

（二）动态影响：工具变量和系统广义矩估计结果

从使用系统 GMM 估计模型的回归结果可以发现以下几点规律：第一，总体上看无论采用 IV 还是 GMM，回归结果都表明，随着农民工所占比重的上升，城市劳动力市场的工资水平呈现先下降再上升再下降的变动规律，这与前文得到的研究结论是一致的，不过总体上看，农民工城市融入会提升城市劳动力市场的工资水平；第二，农民工城市融入对于提高中小城市劳动力市场的工资水平具有显著正影响，而且影响程度是最高的。第三，在考虑到可能存在内生性问题后，无论采用 IV 还是 GMM 进行估计，特大城市和大城市中农民工融入都会提高城市劳动力市场工资水平，但呈现出先下降再上升再下降的螺旋上升式波动。

将本地市民人数作为工具变量是基于以下考虑：第一，本地市民人数在一定程度上反映了城市规模，市民本地就业越多，说明市民的流动性越小，而这类城市的规模也往往越大。因此，对农民工的需求也越多，相应地，农民工所占比重就越大。由此可见，本地市民人数与内生的解释变量具有较强的相关性。第二，本地市民人数对城市劳动力市场的工资水平决定不具有影响，因为根据第三部分分析，促使城市劳动力市场工资发生改变的是外来人口数量。因此，本地市民人数具有一定外生性。第三，用城市劳动力市场人数绝对数量作为工具变量不会与其他解释变量出现高度共线性，方差膨胀因子检验表明不存在高度共线。所以，采用城市劳动力市场人数的绝对数量作为工具变量是合理的。

为避免弱工具变量问题，本节还进行了 SYS-GMM 估计①。工具变量为城市劳动力市场人数绝对数量和城市本地市民人数。基于如下考虑：首先，劳动力绝对数量不会与随机扰动项相关。因为在影响工资其他因素中，更多的是与当地城市特征和市场化程度有关。然而，根据文章第二部分数据来源介绍，各样本城市样本量是相同的，即城市劳动力市场中劳动力绝对量仅与调查样本量大小有关。因此，该变量具有外生性。其次，工具变量具有相关性。因为在既定的城市样本量下，城市劳动力市场人数越多，说明城市失业率越低，城市经济水平越高，吸引农民工数量也越多。最后，经过检验我们发现，本地市民人数与其他解释变量之间也不存在高度共线性。因此，采用城市劳动力市场人数和本地市民人数共同作为工具变量也是合理的。

（三）进一步讨论

1. 实际工资影响

城市规模对名义收入促进作用只能说明集聚效应存在，却无法全面反映劳动力福利水平变化（2012）。特别是随着城市规模扩张，城市本地物价水平会随本地消费需求上升而上升，物价水平上升会抵消经济积聚对名义收入的促进作用。因此，我们使用各地区相应年度的物价指数来调整名义收入得到实际收入。与名义收入作为被解释变量的回归结果相对比，农民工城市融入对城市劳动力市场实际收入具有相同的影响规律，表明回归结果具有稳健性。

2. 区域差异带来的城市规模异质性

由于特大城市仅在东部地区，所以不存在与中部和西部地区相同规模城市的比较。无论在东部、中部还是西部，农民工融入中小城市后对本地城市劳动力市场工资的影响都呈现出先下降后上升再下降的趋势。这说明，在中

---

① 工具变量为同一城市规模下的相同受教育程度和工作经验程度的劳动力数量。系统广义矩估计中选择的工具变量为同一城市规模下的相同受教育程度和工作经验程度的劳动力数量和本地劳动力数量。限于篇幅限制，控制变量中省略了受教育程度（edu）、经验（exp）、地区（area）和城市（city）的回归结果。

小城市农民工融入对城市劳动力市场均衡工资的决定具有稳健性。然而，农民工对不同区域大城市劳动力市场影响却并不具有稳健性。在东部和中部地区的三次项都是显著为正，这与之前的研究结论是一致的，即先上升后下降再上升的趋势。但是在西部地区的大城市，农民工迁移率对城市劳动力市场的工资决定呈现倒U形的关系，即迁移率较低时，农民工城市融入会提升市民的工资收入，随着迁移率的提高，反而降低了市民的工资水平。主要原因在于西部地区大城市的经济较不发达，城市积聚经济带来了生产效率提高，但是城市基础设施和公共服务的缺位，使拥挤效应大于积聚效应，出现了迁移率与城市劳动力市场工资之间U形关系。不过，值得注意的是，农民工对西部大城市市民工资影响还未呈现出再上升趋势。原因在于，西部大城市公共设施和公共服务未能得到较大幅度提高，市场化程度不高，通过增加迁移人口并未提高本地劳动力市场工资水平。

三、结论

本节通过对城市劳动力市场中本地市民工资决定的分析，发现农民工的融入对提高城市劳动力市场的工资水平具有显著正影响，但对不同城市规模劳动市场的影响存在较大差异，其中对大城市的影响水平要高于中小城市，而对特大城市的影响水平最低。在不同城市规模下，农民工融入对城市劳动力市场工资决定机制也存在差异，农民工城市融入对特大城市和大城市工资的影响表现为先提高后下降再提高的规律，而对中小城市工资的影响则表现为先下降后提高再下降的规律。此外，劳动力的平均受教育程度对提高本地市民工资收入具有显著的正影响，而且在大城市的影响要高于中小城市，在特大城市的影响最低。因此，相应的政策含义是，在放开中小城市户籍限制的条件下，应进一步放开大城市的户籍限制，对于特大城市要在合理控制人口规模的基础上，为农民工提供更多的社会公共服务，使农民工子女能够就近入学、使农民工自身能够得到充分的培训，从而不断提高农民工人力资本水平，充分发挥城市劳动力市场资源配置，促进整个社会福利水平提高。

第三节　城市规模与农民工工资溢价效应

一、研究目的

本节在探究城市规模与农民工工资关系的基础上,观测不同规模城市内部农民工的教育—工作匹配程度,并估计不同规模城市中匹配程度与农民工工资之间的关系。研究发现,农民工受教育年限与工作机会的适配情况在特大城市和大城市中表现更好,且在特大城市和大城市中,适度教育对农民工工资有显著正向影响,这也是农民工在特大和大城市中工资水平更高的一个重要原因。

本节对已有文献的贡献主要表现在以下两个方面。第一,确认城市规模与农民工工资之间的关系。已有研究使用城市劳动力样本考察城市集聚或规模经济对工资的影响(踪家峰,2015;高虹,2014),但是专门采用农民工样本关注二者之间关系的研究还较为有限,且研究结论尚未达成一致(宁光杰,2014;王建国,2015)。第二,从教育—工作匹配角度解释城市规模影响农民工工资的作用机制。已有研究从共享机制或学习机制论证过城市规模影响工资水平的原因,而未对教育与工作匹配情形进行考虑,本节补充且拓展了城市规模对农民工工资影响的可能原因。其中的政策含义在于,调整城市规模政策,减少农民工的空间流动性障碍,将促进农民工工资水平进一步提高,为政府提供如何引导农业转移人口市民化,加快推进城镇化步伐的有效途径。

二、分析框架

如前文所述,城市规模可能通过学习机制、共享机制、匹配机制影响劳动力的工资水平。已有关于匹配机制的研究认为，不同技能劳动力对城市规模有选择过程，大城市对高技能劳动力更有吸引力，不同规模城市之间的收入差距是劳动技能分布的结果（Glaeser，2001；Combel，et. al.，2008），大城市匹配了更高技能的劳动力，那么可能会过高地估计集聚经济对工资溢价的促进效果。仔细分析不难发现，这一结论是建立在同质性劳动力条件下的，侧重说明集聚经济单方面的影响。大城市同样需要低技能劳动力从事的工作，将劳动力的教育进行细分是有必要的。

王春超、佘诗琪（2017）使用2009年中国乡—城移民调查数据，研究教育匹配程度对劳动者收入的影响，结果表明外来劳动力更容易出现过度教育的现象，且过度教育者的收入会低于同等受教育年限下恰好匹配者的收入。李俊（2016）的研究结论基本一致，认为过度教育者的收入要显著低于适度教育者。叶尔肯拜·苏琴、伍山林（2016）使用2013年CGSS数据对农民工教育与工作匹配状态及收入效应的研究结果表明，在教育适配状态下，农民工的教育收益率最高。

而由于大城市的企业数量和劳动力数量都更多，即"厚劳动力市场"，在"厚劳动力市场"中，协调互动使得工作寻找更容易，寻找到与教育程度相匹配的工作可能性也许更高。例如，如果一个小城市的企业数量和劳动力数量分别为10个单位，而一个大城市的企业数量和劳动力数量是小城市的2倍，为20个单位，则大城市的企业和劳动力可能形成的匹配数量会远超过小城市的2倍。当然，与发达经济体的劳动力相比，中国农民工教育与工作失配的程度可能更高一些，尽管如此，城市规模越大，教育程度与工作越容易相匹配。如前文所述，教育与工作相匹配的劳动力收入水平更高，所以教育—工作匹配程度可能是城市规模产生农民工工资溢价效应的重要影响机制。

为了验证以上分析，本研究参照叶尔肯拜·苏琴、伍山林（2016）的研究划分，将个体受教育年限细分为教育过度、教育适度与教育不足（划分方法详见变量说明），具体测算不同规模城市的农民工教育—工作匹配程度，并细致考察教育—工作匹配程度在城市规模与农民工工资关系中的作用。

三、模型、变量和数据

（一）数据来源

中国家庭收入项目调查（以下简称 CHIPS）由国内外研究者共同组织，并在国家统计局的协助下完成，目前由北京师范大学中国收入分配研究院执行管理。该调查在全国范围内针对农村居民、城镇居民和流动人口展开微观调查，样本具有一定的全国代表性（朱明宝，2017；李中建、袁璐璐，2017）。本研究所用数据来源于 2013 年中国居民收入调查项目（CHIP 2013），样本覆盖了从 15 个省份 126 个城市 234 个县区抽选出的 18948 个住户样本和 64777 个个体样本，其中包括 7175 户城镇住户样本、11013 户农村住户样本和 760 户外来务工住户样本。在衡量教育—工作匹配程度这一变量时，为计算职业所需受教育年限，本节补充运用了 85 个城市样本数据。城市层面的统计数据来源于 2014 年《中国城市统计年鉴》。

本节研究农民工的工资溢价效应，因此选用 CHIP 2013 外来务工住户样本。外来务工住户样本中包括涵盖了 85 个城市的 2210 个个体样本。其中包括 1990 个具有农村户籍的样本，占全部外来务工个体的 90%。为准确获得农民工的观测值，本节将样本限定在男性 16~60 岁，女性 16~55 岁，具有农村户籍且一年在外累计务工时间超过 6 个月的劳动力，并去掉年总收入为 0 的样本。最终获得有效样本 1162 份。

（二）计量模型设定

1. 城市规模选择与农民工工资水平

本节研究城市规模对农民工工资的影响，因此选用农民工的小时工资为因变量，城市规模为自变量。（考虑到影响农民工工资的因素较为复杂，如一个城市总体的工资水平会影响个体的工资收入，并且进一步影响城市规模，容易出现遗漏变量的问题，因此本节采用工具变量法进行校正。借鉴踪家峰、周亮（2015）的做法，引入 1953 年第一次全国人口普查数据作为集聚经济的工具变量。为了保证 2013 年和 1953 年人口普查中的各地级市、县在地理区域上保持统一，本节将 1953 年的县市行政代码调整为 2013 年的行政代码。）

本节研究城市规模对农民工工资的影响，因此选用农民工的小时工资为因变量，城市规模为自变量。可得回归模型（1）：

$$\log(wage_{i,c}) = \alpha_1 + \beta \times population_c + \gamma \times S_{i,c} + \delta'_{i,c} L_{i,c} + \mu_{i,c} \quad (1)$$

模型（1）中 $\log(wage_{i,c})$ 为城市 c 中个体 i 工资收入的对数，$population_c$ 为个体 i 所在城市 c 的市辖区总人口，用来表示城市规模。系数 β 代表城市规模对农民工工资水平的影响，预计城市规模越大，劳动力工资水平越高，相应的 β 也越大。$S_{i,c}$ 是城市 c 中个体 i 的受教育年限。$L_{i,c}$ 为其他控制变量，包括性别，男性为 1，女性为 0；婚姻状况，已婚为 1，未婚为 0；是否为共产党员，党员为 1，非党员为 0；工作经验；工作经验的平方项；用小时衡量的工作时间；劳动力外出工作的机会成本以及城市生活成本。$\mu_{i,c}$ 为随机扰动项。

2. 考虑农民工教育—工作匹配后的农民工工资模型

在进一步讨论城市规模对农民工工资的影响机制时，本节借鉴相关文献（周丽萍、马莉萍，2016；吴杨、施永孝，2015），将回归模型（1）中的个体受教育年限细分为教育过度年限 $S1$、教育适度所需受教育年限 $S2$ 与教育不足年限 $S3$，得到回归模型（2）：

$$\log(wage_{i,c}) = \alpha_1 + \beta \times population_c + \gamma_1 \times S1_{i,c} + \gamma_2 \times S2_{i,c} + \gamma_3 \times S3_{i,c} + \delta'_{i,c} l_{i,c} + \mu_{i,c} \quad (2)$$

模型（2）中 γ_1 为教育过度情况下教育过度的年限每增加 1 年对收入的影响，γ_2 为教育与工作匹配的情况下受教育年限每增加 1 年对收入的影响，γ_3 为教育不足情况下教育不足的年限每增加 1 年对收入的影响。$S1$、$S2$、$S3$ 与 S 的关系见变量说明。

3. 城市规模对农民工匹配类型的选择效应

本部分选取样本中农民工样本量较大的六大类行业，采用标准差法求出农民工教育不足年限和教育过度年限，并将这部分农民工样本划分为教育不足、教育适度、教育过度三部分。在研究城市规模对农民工匹配类型的选择效应时，被解释变量为农民工教育—工作匹配程度，将教育不足、教育适度、教育过度分别赋值为1、2、3，关键解释变量为代表城市规模的市辖区总人口数。

由于被解释变量农民工教育—工作匹配程度为多元离散型变量，且各个类别之间不存在序次关系，因此本部分采用多值选择模型（mlogit）来研究城市规模对农民工匹配类型的选择效应。本研究将教育不足作为"参照方案"，然后令其相应系数 $\beta_1 = 0$。由此，个体 i 选择方案 j 的概率为：

$$P(y_i = j \mid x_i) = \begin{cases} \dfrac{1}{1 + \sum_{k=2}^{J} \exp(x_i'\beta_k)} & (j = 1) \\ \dfrac{\exp(x_i'\beta_j)}{1 + \sum_{k=2}^{J} \exp(x_i'\beta_k)} & (j = 2\cdots J) \end{cases} \quad (2-1)$$

其中，"$j=1$"所对应的方案为参照方案，可用 MLE 进行估计，可得到系数估计值 $\beta_1 \cdots \beta_j$。

（三）变量说明

1. 农民工教育—工作匹配程度的计算

由于本节要研究不同城市规模下教育—工作匹配程度对农民工工资的影响，因此，还需测度出农民工教育—工作匹配程度。根据对以往文献的总结，测度的方法主要有以下四种：工作分析法（李建民、陈洁，2017）、随机前沿法（颜敏、王维国，2017）、标准差实际匹配法（叶尔肯拜·苏琴、伍山林，2016）和工作者自我评价法（李锋亮等，2009；王广慧、徐桂珍，2014）。本节采用标准差实际匹配法，对每种职业的受教育年限进行标准化处理，当标准化后的受教育年限落在区间 [-1, 1] 时是"教育适度"；当标准化后的受教育年限大于1时，则被认为是"教育过度"；当标准化后的受教育年限小于-1时，则被认为是"教育不足"。

具体做法为，首先筛选出农民工样本量较大的六大类行业，包括制造业，建筑业，批发和零售业，交通运输、仓储和邮政业，住宿和餐饮业以及居民服务、社会保障和社会组织，获得有效样本966份。然后根据国家统计局《职业分类标准》将农民工所从事的职业划分为七大职业类型（不含军人）。再与城市样本合并到一起，按照城市—行业—职业分组，采用平均值法分别求出职业所需受教育年限。再采用标准差实际匹配法求出农民工教育不足年限和过度教育年限，将这部分样本分为教育不足、恰好匹配、过度教育三部分（表2.1）。

表2.1 不同城市规模下的教育匹配程度

	全部样本	中小城市	大城市	特大城市
教育过度发生率（%）	19.77	20.71	16.17	24.31
教育适度发生率（%）	59.94	60.84	64.18	52.16
教育不足发生率（%）	20.29	18.45	19.65	23.53
合计（%）	100.00	100.00	100.00	100.00

数据来源：CHIP 2013。

表2.1为不同城市规模下的教育匹配程度，由此可以看出，教育不足发生率在中小城市中是最低的；在大城市中，适度教育发生率是最高的，过度教育发生率是最低的；而在特大城市中，适度教育发生率最低。过度教育的发生率最高说明部分农民工更加愿意牺牲部分受教育年限以换取在城市中的工作机会。

2. 其他变量说明

本节选用城市市辖区总人口作为主要的解释变量，度量城市集聚经济。根据文献，本节控制了劳动力的性别、受教育年限、工作经验及其平方项、工作时间以及劳动力的自评健康状况，并选用农民工所在城市生活费支出的平均值作为城市生活成本的替代变量。其中劳动力的工作经验由劳动力的年龄减去受教育年限，再减去6得到。因此，在个体特征中没有控制年龄变量。工作时间用劳动力的工作月数乘以每月工作天数，再乘以每天工作小时数得到。为了研究不同城市规模下影响程度的差异性，本节根据国务院印发的《关于调整城市规模划分标准的通知》，将城市划分为城区常住人口数在

100万以下的中小城市、100万到500万大城市、500万以上特大城市。

经筛选后得到农民工样本1162个，本节用农民工小时工资代表农民工工资水平，农民工平均小时工资为14.18元，且收入差距较大。城市规模用城市总人口数度量，规模最大的城市有1783.10万人，规模最小的城市有7.40万人。生活成本为农民工所在城市生活费支出的平均值，农民工人均生活成本为20970元/年。样本中农民工年龄在16~60岁，平均年龄为36岁，工作经验在1~49年，平均工作经验为21年。农民工的平均受教育年限为9.47年，达到了九年义务教育标准。样本中男性农民工所占比重略高于女性农民工，且已婚人数比重较大，达到了85%。自评健康这一农民工自评指标表明，大多数农民工认为自己健康状况良好。

四、计量分析结果与讨论

第一，利用全部农民工样本进行实证检验，考察城市规模与农民工工资水平之间的关系。由于城市规模和收入之间存在双向因果关系，以及可能存在的遗漏变量问题，采用工具变量方法对农民工的工资决定模型进行估计。第二，选取农民工样本量较大的六大类行业，进一步讨论不同规模城市的农民工教育—工作匹配程度，并探寻教育—工作匹配程度对不同规模城市的农民工工资水平的影响，以探索城市规模对农民工工资的溢价影响的内在作用机制。

（一）城市规模与农民工工资性收入

在不控制生活成本的条件下，城市规模对农民工工资有显著的正向影响作用，即农民工工资水平随着城市规模的扩大而增加[①]。控制了生活成本后的回归结果发现，虽然城市规模对农民工工资的影响系数有所下降，但仍然有显著的正向影响，也就是说，在控制城市生活成本后，农民工工资水平依

---

① 样本中的其他控制变量包括：经验、经验平方项、性别、婚姻状况、党员、工作时长、机会成本。

然随着城市规模的扩大而增加。即可说明农民工在大城市的工资溢价并不是作为他们居住在大城市的补偿。

分别对不同城市规模的样本进行回归发现，在中小城市中，城市规模的变化对农民工工资没有显著影响；在大城市以及特大城市中，城市规模的变化对农民工工资有显著影响，农民工工资水平随着城市规模的扩大而增加。可能的原因在于，在中小城市中，城市集聚经济尚不完善，因此城市规模变化对农民工工资水平的影响并不显著；而在大城市以及特大城市中，集聚经济已经形成，农民工可以通过便利的信息交流获取新知识、新技能，从这种集聚经济中获取更高水平的收入。更重要的是，在大城市中农民工可以有更多的工作选择机会，可以找到与自身知识、能力相匹配的工作，所以在大城市以及特大城市中，城市规模对农民工工资溢价有正向影响作用。

考虑到城市规模和农民工工资之间可能存在双向因果关系，即工资水平高的城市会吸引更多的农民工流入，导致城市规模扩大，这将致使联立方程偏差。因此本节采用工具变量法对以上估计结果进行校正。

本节借鉴踪家峰、周亮（2015）的做法，引入1953年第一次全国人口普查数据作为集聚经济的工具变量。在加入工具变量后，城市规模对农民工工资依然有显著的正向影响。没有控制生活成本时，农民工工资收入随着城市规模的扩大而增加。控制了生活成本后，二者的回归结果也同样呈正向显著影响。在 IV 估计结果中，控制城市生活成本后，城市规模对农民工工资的影响系数有所下降，但是下降的程度不明显。对全部样本的 IV 估计结果进一步验证了农民工在大城市的工资溢价并不是作为居住在大城市的补偿。

分别对不同城市规模的样本进行回归，IV 估计与前文 OLS 估计结果基本一致，进一步验证了城市规模与农民工工资之间的关系：中小城市城市规模变化对农民工工资没有显著影响；大城市以及特大城市，城市规模变化对农民工工资有显著影响，农民工工资水平随着城市规模扩大而增加。

（二）不同城市规模下的农民工教育—工作匹配程度

为了研究城市规模对农民工匹配类型的选择效应，本部分使用 Mlogit 模型研究城市规模对农民工教育匹配的影响。分析城市规模单一变量对教育—工作匹配程度的影响,以教育不足为参照组,城市规模扩大对农民工教育适度以及教育过度均有显著的正向影响。分析加入其他控制变量的结果,显著性水平从5%减弱至10%,但是城市规模对教育适度与教育过度的正向影响仍然是显著的,且对过度教育的影响作用更大。说明城市规模越大,高教育水平从事低技能工作的农民工越多,同时教育—工作相匹配的农民工也更多。也就是说,城市规模越大,越容易出现教育适度以及教育过度的现象。这反映了大城市及特大城市对农民工的准入有一定的限制条件。

(三)教育—工作匹配程度、工资和城市规模

接下来本研究引入教育—工作匹配程度,分析城市规模对农民工工资水平的影响。加入农民工教育—工作匹配程度后,全部样本条件下城市规模对农民工工资有显著的正向影响,农民工工资水平随着城市规模的扩大而增加。适配教育回报率比直接计算的教育回报率略有提高,而过度教育的回报率明显高于适配教育回报率,教育不足对农民工工资无显著的影响作用;在中小城市中,只有过度教育时才会对农民工工资有显著的正向影响作用。在大城市中,适度教育对农民工工资有显著的正向影响作用,而教育过度和教育不足对农民工工资均没有显著的影响作用,可能是因为大城市中,农民工工资决定因素并非农民工的实际能力,而是由所从事的行业以及职业决定的;而城市规模一项的系数不再显著,说明在大城市中,教育—工作的良好匹配对农民工工资的影响抵消了城市规模扩张所带来的影响。在特大城市,教育过度年限和恰好匹配的受教育年限对农民工工资的影响显著为正,且教育回报率均大于未细分时的教育回报率,说明在特大城市中,农民工工资决定因素是农民工的实际能力。

五、结论与启示

本节使用2013年中国居民收入调查项目(CHIP 2013)数据考察了城市

规模对农民工工资的影响，并进一步证明大城市可能存在更多的企业和劳动者，使得大城市劳动力市场中的农民工教育—工作匹配程度更高。研究发现，城市规模对农民工工资确有显著的正向影响作用，在控制生活成本等因素后，也不能将这种影响完全抵消掉，说明大城市的工资溢价现象并不仅仅是对劳动力居住在大城市的一种补偿。且城市规模对农民工工资的溢价效应在大城市和特大城市体现得较为明显。在考虑到农民工教育—工作匹配程度的影响后发现，大城市中不容易出现教育不足的现象，城市规模越大越容易出现教育适度和教育过度的现象，表明大城市劳动力市场会对融入的农民工进行一定的融入限制。将受教育年限细分后的研究发现，大城市教育—工作的良好匹配对农民工工资的影响抵消了城市规模扩张所带来的影响，而教育过度和教育不足对农民工工资没有显著的影响，说明在大城市中农民工的工资主要由农民工所从事的行业及职业决定，而非农民工自身的能力。特大城市过度教育年限和恰好匹配的受教育年限对农民工工资的影响显著为正，且教育回报率均大于未细分时的教育回报率，说明在特大城市中，农民工的工资主要由农民工自身的能力所决定。

根据已有的研究以及本节的结论，现阶段符合市场发展规律的城市规模扩张有利于资源的有效配置，对农民工工资水平的提高有促进作用。且在城市劳动力市场中，劳动力受教育年限高于或恰好等于职业所需受教育年限时，均能显著提高农民工的工资水平。因而在提高农民工的受教育水平、加强农村教育投资力度的同时，还可以设置针对农民工的培训和咨询机构，为其职业发展提供良好的职业规划，帮助其找到与自己能力相匹配的工作。

第二篇

农民工人力资本及其代际传递

第三章 农民工及其子女非技能型人力资本

第一节 中国劳动者的抑郁症状

一、研究背景及现状

劳动力是一个国家经济发展的重要因素。在中国,尽管经济飞速增长,并高度重视劳动者的认知技能,但许多劳动者已经出现了严重的心理健康问题,例如抑郁症。根据黄利进行的一项调查,如今中国的农民工抑郁症患病率已达到29%(Huang, et. al., 2019)。使用CFPS 2012数据进行的研究还发现,中国成年人有抑郁症状的比例为37.9%(Qin, Wang, Hsieh, 2018)。

抑郁症状会损害工作成果。研究表明,沮丧的劳动者更有可能从事较差的工作(Lerner & Henke, 2008; Kim, et. al., 2007)。如果整个中国的抑郁症发病率高,那么中国的人力资本可能会受到影响(Luo, et. al., 2010)。此外,发现成年人的抑郁症状与犯罪行为或自杀行为密切相关(Philip et al, 2019; Rytis, Tomas, Robertas, 2017)。因此,改善劳动者的心理健康可能会带来积极的社会影响,例如减少犯罪,提高劳动生产率,增加收入以及改善公共卫生(Bubonya, Cobb-Clark, Wooden, 2017)。

更好地了解哪些劳动者群体易患抑郁症状,这也将使未来在劳动者中预防抑郁症的努力受益。但是,关于抑郁如何影响中国主要劳动力群体几乎没有高质量的研究，也几乎没有文献应用全国典型数据集来显示亚组之间（如农村劳动力、移民劳动力和城市劳动力之间）或按性别区分的群体之间的劳动力抑郁率异质性，种族或其他因素。

研究的主要目的是调查当今中国劳动者的抑郁症状。它不仅展示了总体抑郁症状的发生率，还估计和比较了几个劳工人群的抑郁程度。这项研究使用国际公认的抑郁量表［流行病学研究中心抑郁量表（CES-D）］和全国代表性的数据来探索各种劳动者的抑郁症状，从而确定中国易受抑郁症困扰的劳动力群体。这项研究可以用作决策工具，以帮助政府领导人将注意力集中在相关群体上，并制定出可以有效改善中国弱势劳动者心理健康状况的政策。

二、研究方法

（一）数据来源

本节使用了 2016 年进行的第四次"中国家庭追踪调查"。"中国家庭追踪调查"是全国典型的纵向跟进社会调查，始于 2010 年，每两年由北京大学社会科学研究所实施。该数据集以 25 个省市区（内蒙古、新疆、宁夏、海南、青海和西藏除外的所有省）的抽样单位对受访者进行了调查，抽样单位框架占中国人口的 95%。2016 年的 CFPS 数据最初包括 19025 名年龄在 16~60 岁之间的劳动者。由于中国 60 岁以上的男性和 55 岁以上的女性必须退休，因此本节选择估算该年龄范围内的劳动力，这意味着该年龄范围准确地代表了劳动力。在流行病学研究中心抑郁量表（以下简称 CES-D 量表）中排除了 725 名没有回答有关个人特征和抑郁评分问题的受访者后，样本减少到 18300 名劳动者。

（二）研究措施

本调查问卷主要用于 CES-D 量表中的问题。此外，还有其他一些部分用于列出个人特征。具体来说，CFPS 数据集允许本研究创建用于测量个体特征的变量，包括性别、种族、收入、婚姻状况和医疗保险状况。

国际研究广泛使用 CES-D 量表来测量抑郁症状和抑郁情绪（Radloff, 1977；Link, et. al., 1997）。CES-D 量表包括 20 个小项目，并用李克特量表进行评分，其中有四个可能的答案，说明样本在上周内多久表达一次给定的情绪。CFPS 2016 资料来源的可能得分范围为 20~80。对于后续研究，将得分值设置为 0~60（总得分减去 20），并且将 16 或更高的得分视为抑郁症状的描述。CES-D 量表的中文版已在之前的研究中使用（Greenberger, Chena, Tally, Qi, 2000），其信度和效度已在中国人群中进行了测试（Rankin & Galbraith, 1993）。因此，已证明 CES-D 量表适用于中国人口（Li & Hicks, 2010）。

（三）统计分析

研究对所有样本均使用 Cronbach 的 alpha 值，以检查内部一致性以进行统计分析。使用 t 检验运算得出了不同劳动力子样本的抑郁得分。测试了不同群体抑郁症评分的差异：男性和女性劳工、汉族和少数民族劳工、贫富劳工、已婚和未婚劳工以及拥有不同医疗保险的劳工。最后，研究还使用 t 检验，根据注册和工作状况（农村劳动力、农民工和城市劳动力）比较了不同子样本的平均抑郁得分的差异。使用 Stata15.0 进行了分析。

三、结果

（一）描述性统计

对所有样本进行描述性统计后发现，有 23.86% 的劳动力拥有城市户口，另外 76.14% 的劳动力具有农村户口。在具有农村户口的劳动力中，农村工作的占 63.96%，农民工占 36.04%。就性别而言，样本中 42.96% 的劳动力为女性，57.04% 为男性。就民族而言 90.58% 的劳动力是汉族，而 9.42% 是少数民族。就阶级而言，研究发现样本中47.95%的劳动力是贫困的，而52.05%是富裕的。此外，在婚姻方面，有86.54%的劳动者为已婚，而有13.46%的是未婚。在保险方面，24.63%的劳动力拥有城镇医疗保险，67.22%的劳动力拥有新型农村合作医疗保险，8.15%的劳动力没有医疗保险。抑郁得分显示出内部的一致性，所有样本的克朗巴赫（Cronbach）α为0.932。

（二）样本中劳动者的抑郁症状患病率

表3.1概括了样本的抑郁程度，按抑郁得分分类。从表3.1中可以看出，样本中30%的劳动者表现出抑郁症状。然而，抑郁症状的发生率在农村和城市地区之间并不是均匀分布的。具体而言，33%的农村劳动力和30%的农民工表现出抑郁症状，而只有25%的城市劳动者表现出抑郁症状。城乡劳动力之间的这些差异在1%的水平上是显著的。这项研究还表明，抑郁症状的严重程度在城乡之间有所不同。农民工（分别为农民工的22%、5%和3%）和城市劳动力相比，农村地区的劳动力更容易遭受轻度（23%）、中度（6%）和严重抑郁（3%）的折磨。此外，相比城市劳动力（分别为城市劳动力的19%、4%和2%），农民工更容易遭受轻度（22%）、中度（5%）和严重抑郁（3%）的折磨。综上所述，农村劳动力在每个严重程度下都比农民工更容易遭受抑郁症的侵害，而农民工在每个严重程度下都比城市劳动力更容易遭受抑郁症的侵害。

表3.1 样本中存在不同程度抑郁的劳动者所占比例 CFPS 2016

	总体 [1]	农村劳动力 [2]	农民工 [3]	城市劳动力 [4]	均差 [2]-[3] [5]	均差 [2]-[4] [6]	均差 [3]-[4] [7]
[1] 各种程度的抑郁[a]	0.30	0.33	0.30	0.25	0.03***	0.08***	0.05***
[2] 轻度抑郁[b]	0.22	0.23	0.22	0.19	0.01*	0.04***	0.03***
[3] 中度抑郁[c]	0.05	0.06	0.05	0.04	0.01*	0.02***	0.01***

续表

	总体	农村劳动力	农民工	城市劳动力	均差[2]-[3]	均差[2]-[4]	均差[3]-[4]
	[1]	[2]	[3]	[4]	[5]	[6]	[7]
[4] 重度抑郁[d]	0.03	0.03	0.03	0.02	0.01*	0.01***	0.01***

数据来源：CFPS 2016。注：***/*代表 p 值小于 0.01（$p<0.01$）/0.1（$p<0.1$）。a."任何程度的抑郁"指的是总体抑郁评分大于或等于 16 分。b."轻度抑郁"指的是 17 到 23 分之间的抑郁。c."中度抑郁"是指抑郁评分在 24 到 28 分之间。d."重度抑郁"是指抑郁评分大于等于 29 分。

（三）劳动力样本中的抑郁症状

当比较个性特征不同的劳动者的子样本时，研究的结果表明，男性和女性劳动者之间存在显著差异，基于婚姻的抑郁状态也存在显著差异。在农村和城市地区，女性劳动者比男性劳动者以及单身人士患抑郁症的可能性要大得多。在样本中，个人收入也与劳动者的抑郁状况显著相关。这些在城市、移民和农村劳动力中的收入高者和收入低者之间的平均抑郁得分的差异表明，个人收入较低的劳动者比个人收入较高的劳动者更容易受到抑郁症的困扰。少数民族民工比汉族人患抑郁症的可能性要大得多，而农村和城市劳动力之间的差异并不明显。此外，与没有城市医疗保险的人相比，拥有城镇医疗保险的人表现出的抑郁症状更少。没有新型农村合作医疗保险的农村劳动者更有可能出现抑郁症状，这也许表明新型农村合作医疗保险有助于预防或治疗抑郁症。但是，拥有新型农村合作医疗保险的城市劳动者比拥有城镇医疗保险的城市劳动者更容易患上抑郁症，这可能是因为新型农村合作医疗的保障范围保险不如城镇医疗保险。

（四）不同个体特征的劳动者中抑郁症状的患病率

当比较各组的个人特征时，发现抑郁症状的患病率在具有不同个人特征的农村劳动力、外来劳动力和城市劳动力中分布不均。一般来说，农村劳动力的抑郁症患病率明显高于农民工或城市劳动力。同时，农民工比城市工人表现出更多的抑郁症状。这一结果与总样本中的结果相似，但有一些例外。例如，在富人群体和少数民族群体中，农村劳动力和农民工之间的抑郁症状差异没有显著差异。在拥有城镇医疗保险的不同类型的劳动者中，抑郁症状的患病率并不明显。财富和社会保障可能减轻了这些人群的抑郁症状。

（五）不同类型劳动者中抑郁症状的患病率

当比较两个农村子样本（农村劳动力和农民工）时，研究发现平均抑郁得分存在差异。结果表明，农村劳动力的平均抑郁得分为12.63，而农民工的平均得分为12.11，两组之间存在显著差异。同样，三组（农村劳动力、农民工和城市劳动力）的平均抑郁得分在统计学上有显著差异。例如，城市劳动力的平均抑郁得分是11.05。

尽管农村劳动力和农民工都有农村地区户口，但研究发现城市地区的劳动力与农村地区的劳动力之间存在显著差异。实际上，农村劳动力和农民工在抑郁指数上的差距在1%的水平上是巨大的。结果也表明，即使农民工在农村地区出生和成长，他们现在也可能会从城市地区的可用资源和工作环境中受益。

（六）拥有不同医疗保险的劳动者中的抑郁症状的患病率

不同种类的医疗保险组之间的平均抑郁得分有所不同。没有医疗保险的样本的平均抑郁得分为13.18，而有任何医疗保险的样本的平均抑郁得分为12.01，两组之间存在显著差异。同样，城镇医疗保险组与新型农村合作医疗保险组之间的平均抑郁评分存在统计上的显著差异。新型农村合作医疗保险组的平均抑郁得分为12.38，而城镇医疗保险组的平均得分为10.96。因此，抑郁症与医疗保险有关。制订有针对性的计划，重点是为劳动者提供医疗保险，可以帮助减轻工人的抑郁症状。

四、结论与讨论

使用 CFPS 2016 的全国代表性数据表明，中国劳动者的抑郁症状或抑郁症发生率确实很高。根据 CES-D 量表，中国总劳动力中有 30% 表现出抑郁症状。研究结果表明，抑郁症在中国劳动者中普遍存在，而其在其他国家的劳动者中也是如此（Yang & Kwak, 2016）。总的来说，劳动者抑郁症确实是中国人口中的重要问题，必须采取措施改善中国劳动者的心理健康状况。

尽管中国的抑郁症非常严重，但也显示某些人群的患病率特别严重。例如，本节在此分析中发现，生活在农村地区的劳动者比生活在城市地区的劳动者更容易出现抑郁症状。此外还发现，在农村地区，女性劳动者比男性劳动者更容易得抑郁症。与其他群体相比，贫困劳动者和单身劳动者更容易出现抑郁症状。在迁移工人中，少数民族工人更容易遭受抑郁症的折磨。这些结果对于确定中国特别容易患上抑郁症的劳动力群体至关重要。有了这些信息，将有可能制定出可以减轻这些华裔工人中的抑郁症状的计划和政策。

尽管以前的研究还没有完全估算出中国部分劳动力中抑郁症的发病率，但本研究结果得到了国际范围的支持。例如，在美国进行的一项文献研究表明，与城市居民相比，农村居民更有可能经历与抑郁和心理困扰相关的情况（Weaver, Taylor, Chatters, Himle, 2018）。日本进行的研究表明，农村地区的抑郁症患病率高于城市地区（Ihara, 1993）；关于少数民族和文化中的抑郁症的研究发现也支持这些结果。美国的文献在非裔美国人和其他少数族裔中发现抑郁症状的发生率很高（Vega & Rumbaut, 1991; Zhang, Gary, Zhu, 2015; Zhou, et. al., 2018）。印度进行的一项研究还表明，种姓较低的人往往会患有严重的抑郁症症状（Mathias, et. al., 2015）

有趣的是，在拥有新型农村合作医疗保险的人群和没有任何医疗保险的人群之间，抑郁评分的统计差异显著。没有任何医疗保险的劳动者因疾病而导致贫困的风险增加（Zhang & Wang, 2005），这可能导致抑郁。同样，城镇医疗保险组与新型农村合作医疗保险组之间的平均抑郁评分存在统计上的显著差异。新型农村合作医疗保险的对象受到农村地区不发达和社会保障水平较低的限制（Yang，2019）。这与在中国和其他国家发表的其他文章形成对比。例如，中国西北地区没有医疗保险的人患抑郁症的风险更高（Tian, et. al., 2012）。其他研究也表明，稳定的医疗保险与更好的整体医疗服务和健康结果相关（Machnicki, Dillon, Allegri, 2011）。医疗保险可能是使不同劳动者之间产生抑郁感差异的重要原因。因此，心理健康状况，尤其是抑郁症，与社会保障问题密切相关。可以通过降低劳动者的抑郁症状并提高他们的社会资本来提高劳动者的人力资本。

本节有很多优点。首先，本研究的抽样框架代表了中国95%的人口，因此可以认为是具有全国代表性的。其次，大样本量（$n=18300$）使本研究具有更高的统计能力水平和可观的外部有效性。再次，北京大学社会科学研究所采用通用抽样策略收集了所有数据。最后，本研究不仅关注农村地区劳动力的抑郁情况，还关注农民工和城市劳动力的抑郁情况。对不同类型的劳动者的比较可以提供更多证据，证明不同因素对劳动者抑郁症状的影响。

即使有其优点，本研究也有几个缺点。CFPS数据集仅使用自我诊断的抑郁症状，这使本研究仅限于检查抑郁症状，而不是医学诊断。此外，本节也无法探讨抑郁与其他因素之间的因果关系。将来有必要研究抑郁与其他因素之间的因果关系。

从政策角度来看，与中国城市地区相比，农村地区劳动力的抑郁症患病率较高。这是令人担忧的，因为抑郁症的高流行会阻碍人力资本的积累，特别是对于农村劳动力而言，并在很长一段时间内导致收入不平等。如果中国政府想要发展人力资本，特别是在中国农村地区，他们将需要做出更大的努力来改善所有劳动者的心理健康状况。可以通过执行一项心理健康计划来实现，这些计划会为中国农村的弱势劳动者提供支持，特别是通过优化医疗资源的分配并缩小城乡医疗服务之间的差距。此外，中国应培训更多的精神科医生来治疗精神疾病，以避免医疗服务供需之间的不平衡。还可以设置一个有利的支付系统来减少货币壁垒。例如，医疗保险，特别是新型农村合作保险，可以增加精神疾病治疗的报销额。此外，政府领导人应给予边缘化的劳动力,例如妇女、少数民族、穷人和没有医疗保险的个人的专门支持,这反过来又可以改善整个社会的心理健康状况。

第二节 农民工子女的非技能型人力资本:以抑郁情绪为例

一、研究背景

近几十年来,经济增长和社会经济变化几乎改变了中国儿童的各个方面,尤其是教育。父母大力投资于子女,希望他们能够在中国竞争激烈的教育体系中茁壮成长(Fong, 2006)。除了这些增加的投资(也许更重要的是)之外,人们普遍认为,儿童现在能够获得比过去几年更高质量的教育,从而增加了他们的人力资本并改善了整体生活质量(Li H, et. al., 2008)。

但是,还有另一种社会趋势可能会破坏这一现象。儿童中心理健康问题的患病率在令人担忧地增加,尤其是抑郁症(Khor, et. al., 2010)。很少有研究使用基于大型全国代表性样本的最新数据来尝试量化此问题的严重性。2000年,一项使用来自单个省的数据的研究发现,三分之一的样本儿童报告中的儿童有抑郁史(Cheng, 2015)。其他研究表明,使用来自一个或多个省份的数据时,留守儿童的抑郁症患病率据报道在12.1%至51.4%之间(Hesketh T & QJ Ding, 2005)。

在中国,这些儿童期抑郁症的高发病率尤其与考虑抑郁症状损害教育成果的程度有关。研究发现,沮丧的儿童更有可能在学业上表现较差,并且在以后的生活中的成绩较差(Zhang J, et. al., 1988)。如果整个国家的抑郁症状发生率都很高,那么该国会因早发性抑郁症而遭受巨大的人力资本流失(Berndt ER, et. al., 2000)。此外,已发现儿童的抑郁症状与犯罪,反社会和其他异常行为有关(Kiernan K E & Mensah F K, 2009; Tran QA, et. al.,

2015）。因此，支持儿童的心理健康可能会对社会产生积极影响，例如减少犯罪，增加收入，促进健康和教育（Gertler P，et. al.，2014）。

幸运的是，中国政府似乎已经意识到了这一问题。2012 年，教育部启动了一项计划，向城市中小学的学生提供合格的心理健康教育和服务，这是一个回应措施。该试点计划包括一系列指导方针，例如减少学生的学习量，实施心理健康课程，建立咨询办公室以及改善学生与教师的关系（Liu C，et. al.，2013）。尽管该计划的建立解决了一些问题，但它未能解决中国农村地区的儿童抑郁症。在可以发现的有关中国农村儿童抑郁症状的仅有的一项研究中，仅使用了两个县的数据，测得的抑郁症状发生率就很高（Cheng，2015）。因此，从少数现有研究看来，农村地区的抑郁症发病率很高，但很少有研究系统地研究中国所有地区的儿童抑郁症状。

更好地了解哪些儿童亚种或多或少易患抑郁症，今后应对儿童抑郁症状的努力也将受益。如果资源（人力和财力）相对稀缺并且需要有效地解决该问题，则尤其如此。但关于中国儿童主要亚人群抑郁症状的变化，几乎没有高质量的研究。根据对文献的阅读，没有使用全国代表性数据的研究来报告各组人群之间（例如，城乡之间，贫富家庭之间，男女之间，汉族和非汉族之间）儿童抑郁症状患病率的差异。

本节的总体目标是研究当今中国的儿童抑郁症状。但是，本节不仅仅着眼于总体抑郁症状的发生率，还试图测量和比较儿童关键组的抑郁症状水平。该分析使用具有全国代表性的数据集和国际公认的抑郁量表（CES-D）来检查 10~15 岁的城市和农村儿童的抑郁水平。最终目标是建立有关中国农村儿童抑郁症的信息库，该数据库可用作决策工具，以帮助高层领导者进行投资，并制定旨在改善中国最贫困儿童心理健康状况的政策。

二、研究方法

（一）问卷组成

这项研究的调查问卷的关键部分由流行病学研究中心抑郁量表（CES-

D）的问题组成。此外，还有许多小部分问题用于枚举学生和家庭特征以及其他控制变量。这些数据使本研究能够生成衡量个人特征的变量，包括性别、种族、寄宿情况和家庭特征，也包括贫困和父母抑郁状态。本节还提出了一系列问题，使研究能够创建一个代表儿童生活安排的变量，包括："您的家庭目前在哪里登记？""您居住在城市或农村社区？""去年，孩子与父亲/母亲住了多久？"

（二）研究方法

CES-D 量表已在国际文献中广泛用于评估抑郁症状（Radloff，1977；Link BG，1997）。CES-D 量表包括 20 个项目，并用李克特量表进行评分，其中有四个可能的答案，与受访者在过去一周内经历给定情绪的频率相对应："很少或没有时间（少于 1 天）""部分或部分时间（1~2 天）""偶尔或中等量的时间（3~4 天）"和"大部分或全部时间（5~7 天）"。得分范围是 0~60，得分在 17 或更高表示抑郁。除了确定儿童是否表现出抑郁症状外，还使用 CES-D 上的评分来确定儿童抑郁症的严重程度。设置了三种不同的抑郁严重程度级别：CES-D 评分在 17 到 23 之间表示"轻度抑郁"，24 到 28 之间的分数表示"中度抑郁"，29 或更高的分数表示"严重抑郁"。如果单个观测值缺少四个以上的响应，则不在样本中设置观测值（Hann D，et. al.，1999）。先前的研究已使用中文版的 CES-D（Greenberger E，et. al.，2000），并已在中国人群中测试了其信度和效度（Rankin SH，et. al.，1993）；因此，已经证明该量表适合在中国使用（Li Z & MH-R Hicks，2010）。该量表不仅可以检查样本中儿童的抑郁状态，而且可以比较不同亚人群的抑郁症状，例如生活在中国城乡的儿童。

为了收集样本儿童的个人数据，研究参考了 CFPS 儿童的调查。在分析中，学生的个人特征包括性别、种族（汉族或非汉族）以及学生是否在学校上学。但是，寄宿状态仅与农村学生有关，因为几乎所有城市学生都住在家里。分析还包括家庭特征，例如家庭收入和父母抑郁状态。为了评估家庭收入，设置了以下问题："2011—2012 学年期间，您家庭的净收入是多少？"

来自农村贫困线的数据（2012年每年家庭净收入为369美元），以及城市地区的最低生活成本（2012年家庭年纯收入为1283美元）。利用这些信息，将儿童家庭分为两类：（相对）富裕的群体和（相对）贫困的群体。富裕家庭组包括1601个农村家庭和437个城市家庭，而贫困家庭组包括389个农村家庭和252个城市家庭。本研究还使用了2012年CFPS调查中的父母回答，使用了在评估样本中提到的儿童所使用的相同CES-D问题来确定父母的抑郁状态。

为了检查儿童的生活安排对他们的抑郁症状的影响，研究使用了每个儿童的居住身份（或户口），以及他们是否与父母住在一起（可能外出移民），将样本分为五组。在这五组中，有两个亚组是城市儿童的"类型"：城市血统的儿童（UC），他们具有城市特征并居住在城市地区；外来务工人员的子女（MC），他们有农村的居住环境，但之前一年内至少居住了六个月。本节还创建了三种"类型"的农村儿童：留守儿童（LBC），他们有农村的户口，居住在农村地区，而父母双方都在工作或居住在家庭之外，且在之前一年内至少有5个月；独生子女的移民子女（LBCF）（后文皆用英文缩写表示），他们与母亲一起长期居住在农村，而且只有父亲在上一年以外的地方工作和居住至少5个月；在样本中有76个儿童与父亲住在一起，而母亲则移民工作。但是，这是一个数量相对较少的样本组，该组仅占总样本的2.8%。因为样本量太小，无法对这个儿童亚群的状况产生任何有意义的建议，所以本节没有在分析中包括他们以及在农村社区与双亲同住的儿童。

（三）统计分析

为了进行统计分析，对整个样本使用Cronbach检验内部一致性。使用t检验比较了不同儿童亚组的CES-D得分。检验了CES-D分数之间的差异：汉族和少数民族儿童；男女儿童；寄宿家庭中的学生和儿童；富裕和贫穷的学生；父母有或没有抑郁症状的孩子。最后，本节还使用t检验根据居住状况对不同儿童亚组的CES-D平均得分进行了比较：城市儿童（UC），流动儿童（MC），留守儿童（LBC），父亲独居的移民子女（LBCF）和与父母双方同住的子女（CLP）。所有分析均使用 Stata14 进行。

三、结果分析

（一）描述性统计

分析样本特征，有 25.7% 的儿童生活在城市地区，有 74.3% 的儿童生活在农村地区。在城市地区的儿童中，流动儿童占 26.7%，原籍城市的儿童占 73.3%。在研究的农村儿童样本中，有 26.0% 的儿童是 LBC，有 13.5% 是 LBCF，有 56.7% 是 CLP。就性别而言，样本中 52.1% 的儿童是男性，而 47.9% 是女性。就民族身份而言，中国汉族儿童占 87.5%，非汉族儿童占 12.5%。调查还发现样本中 76.4% 的孩子住在家里，而寄宿学校的孩子则占 23.6%。在家庭贫困状况方面，样本中 23.9% 的儿童来自（相对）富裕家庭，而 76.1% 的儿童来自（相对）贫困家庭。此外，样本中 47.2% 的儿童的父母表现出抑郁症状，而样本中 52.8% 则没有。

（二）样本儿童中抑郁症状的患病率

数据分析结果显示，20.3% 的样本儿童表现出抑郁症状，且存在城乡差异。22.7% 的农村儿童表现出抑郁症状，而只有 13.5% 的城市儿童可被视为抑郁症，这一差异在 1% 的水平上是显著的。农村儿童比城市同龄人（分别为城市儿童的 10.7% 和 1.3%）更容易患轻度抑郁症（占农村儿童的 16.8%）或中度抑郁症（占农村儿童的 3.9%）。这一差异在 1% 的水平上是显著的。然而，城市和农村儿童患抑郁症的概率几乎相同（农村儿童为 2.1%，城市儿童为 1.5%），差别不大。

（三）儿童亚组中的抑郁症状

当比较个体特征各异的儿童亚组时，发现汉族和少数民族儿童之间存在显著差异，但基于性别或寄宿状况的抑郁状态没有显著差异。结果表明，在农村地区，少数民族儿童比汉族儿童患抑郁症的可能性要高得多。尽管按性别进行比较的点估计显示，在城市和农村样本中，女性儿童的抑郁症比例均高于男性，但无论是城市儿童还是农村儿童，差异都不显著。同样，根据寄宿状况，各组之间也没有显著差异。

就家庭特征而言，研究发现在样本中，家庭收入和父母抑郁与儿童期抑郁都显著相关。城乡地区的富人和穷人在 CES-D 评分上的差异表明，较贫穷家庭的孩子比那些较富有家庭的孩子更容易沮丧。在城市和农村地区，父母的抑郁症也与儿童期的抑郁症显著相关。

比较两个城市组（UC 和 MC）时，研究发现 CES-D 得分差异不大，三个农村组（CLP、LBC 和 LBCF）之间的比较也是如此。城市儿童和流动儿童的 CES-D 均值均约为 10，两者之间无统计上的差异。在农村地区，CLP、LBC 和 LBCF 的 CES-D 平均值分别约为 12.2、11.9 和 11.5。尽管居住在农村地区的不同儿童群体（CLP、LBC 和 LBCF）的得分估算值略有差异，但差异在统计上并不显著。

尽管城乡地区儿童的平均标准化 CES-D 分数差异不大，但城乡地区之间确实存在显著差异。MC 和农村组（包括 CLP、LBC 和 LBCF）之间的 CES-D 得分差距也很大，为 1%。尽管 MC 出生并以前居住在农村地区，但他们似乎受益于城市地区可用的环境和资源。

四、结论

这项研究表明，使用全国代表性数据，中国儿童的抑郁症状发生率在城市地区（占样本儿童的 14%）显著低于农村地区（占样本儿童的 23%）。与其他孩子相比，来自少数民族、较贫困家庭的儿童和父母处于沮丧状态的孩子更有可能患上抑郁症，但抑郁症状不会因性别而异。结果将帮助决策者制订针对抑郁儿童的针对性计划。这些发现也证实了对中国儿童抑郁症状的主观测量对于未来研究的重要性，表明意见调查足以全面了解与抑郁症状相关的因素。

第四章 人力资本代际传递

第一节 父母的迁移对留守儿童的非认知能力的影响：以抑郁症状为例

一、研究目的

本节的目的是确定父母的迁徙对中国农村儿童的抑郁症状结果产生了正面还是负面的影响。在追求这一研究目标时，检验了父母迁徙对儿童抑郁症状的总体影响，并探讨了发生这些影响的机制。具体而言，这些机制包括增加家庭收入和降低地方商业银行获得的护理水平。为此，本节使用倾向得分匹配差异模型（PSM-DID）来分析父母迁移与留守儿童抑郁症状的因果关系。

二、数据

（一）数据来源

本研究使用的数据来自 2010 年和 2014 年的 CFPS。该数据集排除了缺少信息的观察结果之后，包括了两个年份的 442 名儿童。由于 2010 年和 2014

年的 CFPS 数据都包含相同的抑郁量表（CES-D），因此该面板可以检查这两个时期儿童的抑郁症状。为便于分析，排除了另外 42 名父母迁移状态不符合样本类别之一的儿童。本研究的样本由 400 名儿童组成。

本研究还创建了三种"类型"的农村儿童：留守儿童（LBC），这类群体出生在农村地区并且居住在农村地区，而父母双方都在之前一年内工作或居住在外地至少有 5 个月时间；只有父亲迁移的留守儿童（LBCF），这类群体出生在农村地区并且与母亲一起居住在农村地区，而只有父亲在之前一年内工作和居住在外地至少有 5 个月时间；农村社区中有父母双亲居住的孩子（CLP）。

（二）样本统计

用于 2010 年和 2014 年 CFPS 数据是流行病学研究中心抑郁量表（CES-D）。该量表由拉德洛夫于 1977 年开发，并已在国际文献中广泛使用（Link B G, et. al., 1997; Hann D, et. al., 1999）。CES-D 包括 20 个项目，旨在评估抑郁症的四个方面（躯体症状、消极情绪、积极情绪和人际关系问题）。如果单个观测值缺少四个以上的响应，则将其驳回。由于 2010 年和 2014 年 CFPS 调查之间的规模发生变化，因此 CES-D 规模中的某些项目在两年之间不匹配。具体来说，量表中的六个项目在两年之间是匹配的，因此本节评估了这六个项目的抑郁状态变化，并将其他 14 个项目剔除（参见附录表1）。由于值 1 的小组很小，将值 1 替换为 2，然后使用 5 减去每个问题的分数来获得调整后的分数，范围为 0~3，分数越高，表示抑郁症状越严重。

（三）描述性分析

分析样本数据可知，样本中 52.49% 的儿童为男性，非汉族少数民族为 11.76%。就年龄分布而言，在 2010 年 CFPS 调查时，有 50.23% 的受访者是 11 岁；在 2014 年 CFPS 调查时，是 15 岁。2010 年，在校寄宿的学生比例为 12.67%；到 2014 年，这一比例上升至 53.17%。调查还发现，在研究期间，儿童的健康状况出现恶化趋势，因为报告中"健康"的儿童比例从 2010 年的 75.34% 下降到 2014 年的 28.51%。

就个体特征而言，调查发现在 2014 年，LBC 和 CLP 在学校寄宿状况，家庭收入和自我报告的健康状况方面存在显著差异。具体而言，与 CLP 相比，LBC 在学校寄宿的可能性更高，达到 5% 的水平显著；LBC 的人均家庭收入比 CLP 高 301.73 元，在 1% 的水平上显著；LBC 的自我报告健康指标比 CLP 高 0.19，在 5% 的水平上显著。

在检查 442 名儿童的抑郁指数变化时，发现平均抑郁分数从 2010 年的 3.54 增加到 2014 年的 6.98。为了检查父母迁移状况的变化是否会导致平均抑郁评分的增加，比较了 2010 年和 2014 年 CLP 与 LBC/LBCF 的抑郁评分。2010 年的 CLP 和 LBC 之间以及 2010 年的 CLP 和 LBCF 之间都没有显著差异。2014 年的 CLP 和 LBC 之间存在显著差异，在同一年的 CLP 和 LBCF 之间没有显著差异。

三、研究方法

（一）双重差分法

本节采用双重差分法（以下称为 DID）比较处理组的学生（2010 年为 CLP 的儿童和 2014 年为 LBC/LBCF 的儿童）的治疗结果（抑郁得分）和父母外出前后比较组的孩子（仍为 CLP 的孩子）。这种比较产生了所谓的标准 DID 估算方法。估计的模型是受限和未经调整的模型：

$$\Delta score_{it} = \alpha + \beta \cdot \text{Mig}_{it} + \delta \cdot score_{it-1} + \lambda \cdot C_c + \varepsilon_{it} \quad (4-1)$$

其中 i 表示样本中的一个孩子，$\Delta score_{it}$ 是基线调查和最终调查之间孩子的抑郁评分的变化（最终 CES-D 得分减去同一孩子 i 的基线 CES-D 得分）。Mig_{it} 是治疗变量，β 是兴趣参数。在本研究分析中，如上所述，有两种不同的处理方法，即父母双双移居的家庭的 LBC 和父母单双移居的家庭的 LBCF，系数 λ 代表县域效应。

除了标准的 DID 估算方法（2005），本研究还实现了其他三个 DID 估算方法:"无限制"模型,其中包括基线结果作为右手变量;"调整"模型,除了处理变量之外,还包括其他协变量;以及结合了"无限制"和"调整"模型特征的"无限制/调整"模型。无限制且经过调整的 DID 估算器放宽了标准 DID 估算器中的隐含限制,即与基线结果和从基线调查收集的协变量相关的系数等于 1。无限制 DID 估计值和调整后 DID 估计值的组合放宽了这两个假设。估计的模型如下:

不受限制且未经调整的模型是:

$$\Delta score_{it} = \alpha + \beta \cdot \mathrm{Mig}_{it} + \delta \cdot score_{it-1} + \lambda \cdot C_c + \varepsilon_{it} \quad (4-2)$$

限制和调整的模型是:

$$\Delta score_{it} = \alpha + \beta \cdot \mathrm{Mig}_{it} + \gamma \cdot X_{it} + \lambda \cdot C_c + \varepsilon_{it} \quad (4-3)$$

并且,不受限制和调整的模型是:

$$\Delta score_{it} = \alpha + \beta \cdot \mathrm{Mig}_{it} + \delta \cdot score_{it-1} + \gamma \cdot X_{it} + \lambda \cdot X_c + \varepsilon_{it} \quad (4-4)$$

其中 X_{it} 是协变量的向量,包含这些变量以获取儿童的特征,例如其性别、年龄、少数民族身份、学校寄宿状况、家庭年收入和自我报告的健康状况。$score_{it-1}$ 代表儿童 i 的基线抑郁评分。

(二)倾向得分匹配方法

除了 DID 方法外,本节还使用了一种匹配方法来检查结果是否对选择的估算方法具有稳健性。罗森鲍姆和鲁宾(1983)提出了倾向得分匹配方法(PSM),以减少使用观察数据集评估处理效果时的偏倚。PSM 允许分析人员将处理组(LBC)中的孩子与对照组中的相似孩子(除了 LBC 之外的所有孩子)进行匹配。他们的抑郁评分之间的差异是处理效果,所有孩子的处理效果的平均值是父母迁移对孩子的抑郁症状的影响。

为了成功实现匹配估计量,本研究遵循一系列完善的步骤(Caliendo M, et. al., 2008)。

(1)检查了处理组和对照组之间在支持协变量上的重叠。广泛的共同支持意味着倾向得分之间存在很大的重叠。在研究中,样本提供了广泛的支持(附录图1)。这意味着可以估计已处理样本的平均处理效果。

(2) 选择匹配的方法。在这项研究中，使用最近邻匹配方法进行替换，使用 1000 个复制样本来引导标准误。

(3) 评估匹配质量。由于本研究不是仅以所有协变量为条件，而是以 PSM 中的倾向得分为条件，因此应检查匹配程序是否可以平衡处理组和对照组中相关协变量的分布。

为此，本研究应用了德赫贾和沃赫拜（1999，2002）文章中所述的平衡测试，所有协变量均满足平衡检验。

为了防止潜在的偏差来源（Abadie A & Imbens G W，2011），本研究还实施了偏差校正匹配估计方法（BCM）。为了最大限度地减少地理上的不匹配，按县域强制执行完全匹配。每个处理观察值都与三个对照观察值相匹配，且有替换值，这足以使几乎所有观察值都能按县域进行精确匹配，显著减少渐近效率的损失（Abadie A & Imbens G W，2006）。匹配是基于 7 个协变量进行的，包括性别、年龄、少数民族状况，2014 年的学校寄宿状况、2014 年的人均家庭收入对数、2014 年的自我报告的健康状况以及 2010 年的抑郁得分。加权矩阵使用 Mahalanobis 度量，它是匹配变量的样本协方差矩阵的逆矩阵。由于所有匹配方法仅基于可观察到的协变量来匹配观察值，因此它们无法解决所有无法观察到的协变量。为了控制部分不可观测的不变因素，本研究将横截面匹配估计量扩展到纵向设置，并实现了差异匹配估计量（DDM）。

四、结果分析

（一）父母迁移对 LBC 抑郁症状的影响

使用面板数据进行的分析表明，父母的迁移会增加 LBC 中抑郁症状的发生率。当检查不受限制和未经调整的模型时，发现 LBC 的抑郁得分相对于其他孩子的抑郁得分增加了 1.955 分，但是对 LBCF 的抑郁评分没有显著影响。类似的影响也体现在非限制和未经调整的模型（1.872 分——在 5% 的水平上显著）及限制和未调整的模型（2.861 分——在 5% 的水平上显著）。而且，与 LBCF 变量相关的系数在所有模型中均无关紧要。

（二）匹配结果

无论采用哪种匹配方法，截面匹配分析的结果都表明，父母的迁移对学生的抑郁症状具有明显的正向影响，这意味着父母迁移后，他们的抑郁症状会加重。具体来说，当估计父母迁移对 LBC 抑郁症状的影响时，本研究使用倾向得分匹配法得到系数 1.147，使用偏差校正匹配方法得到系数 2.707。当使用 DID 匹配估算方法时结果通常保持不变：使用倾向得分匹配方法得到系数 2.162，使用偏差校正匹配方法得到系数 2.731。

（三）理论分析

研究发现父母迁移对 LBC 的抑郁评分有明显的正向影响，这意味着孩子的抑郁症状在父母迁移后有恶化趋势。这些结果来自两个效应的竞争影响：照料效应和收入效应。照料效应是指儿童在父母一方或双方迁移后获得的照料减少，研究认为该影响是消极的，因此对孩子的抑郁评分有正向影响。收入效应是指因汇款收入而增加的家庭收入，研究认为这对儿童的抑郁症状产生积极影响，因此对他们的抑郁评分产生负向影响。本研究使用 PSM 方法分别检验照料效应和收入效应①。

1. 照料效应

在研究照料效应时，本研究考察了只有母亲或只有父亲迁移的情况。预

---

① a. 在中国，母亲往往是孩子的第一个照顾者，尤其是在农村地区。本节通过将独生子女与其他相同性格的子女进行匹配来衡量父母教养的效果。为了比较父亲和母亲的教养效果，也将父亲迁移子女与其他子女在相同字符上进行匹配，但两者之间的差异不显著；b. LBCF 和 LBC 均具有收入效应，但前者对后者具有父母照料效应。因此匹配 LBC 和 LBCF 来衡量父母教养的效果；c. CLP 和 LBCF 均具有父母照料效应，但前者不具有收入效应。因此匹配 CLP 和 LBCF 来衡量收入效应；d. LBC 不存在父母照料效应，但存在收入效应；CLP 不存在收入效应，但存在照料效应。将 CLP 与 LBC 相匹配时，可以衡量照料效应和收入效应的综合效应。

计这两组之间会有差异，因为母亲通常是孩子的主要照顾者。因此，研究假设母亲的缺席会比父亲移居造成儿童缺少更多的照料。结果表明情况确实如此。如果孩子的母亲迁移，他们的抑郁得分平均提高 1.668 分；与之对应地，如果他们的父亲迁移，对孩子的抑郁评分没有显著影响。研究还发现，当一个儿童的父亲在 2010 年已经迁移而该儿童的母亲在 2014 年迁移时，该儿童抑郁症评分平均提高了 2.105 分，但是如果只有儿童的父亲迁移，对儿童抑郁症状的影响并不显著。

2. 收入效应

除了研究照料对 LBC 抑郁症状的影响外，研究还使用了 PSM 方法估计收入效应。

（1）使用 2010 年的数据将儿童家庭分为高收入家庭（家庭收入高于平均水平的家庭）和低收入家庭（家庭收入低于平均水平的家庭），将收入较高和收入较低的人群中的儿童（LBC 与 CLP）进行匹配。结果表明，当以这种方式匹配时，父母迁移对儿童的抑郁症状没有显著影响。

（2）考虑到家庭收入的增加可能会改善儿童抑郁症状，本研究还测试了家庭收入增加对 LBC 抑郁评分是否有影响。为此，根据 LBC 和 CLP 的家庭收入在 2010 年至 2014 年之间是否至少增加了 1.5 倍来对 LBC 和 CLP 进行匹配分析，发现 LBC 的抑郁症状无明显变化。

（3）研究比较了 CLP 和 LBCF 的抑郁症状情况。这样做的前提是，LBCF 的收入可能会出现较大的增长，而照护的减少则较小。因此，如果收入增加会影响抑郁症状的发生，则其收入可能会比 CLP 好。但是，结果表明没有重大影响。

五、总结

本节使用具有全国代表性的面板数据来探索父母迁移与留守儿童抑郁症状之间的关系。研究使用了 PSM 方法来检查这些结果是否由于收入增加或照料减少而产生。研究结果表明，父母迁移似乎对留守儿童的抑郁症状有显著的正向影响，这意味着儿童在父母迁移后会导致抑郁症状的恶化。研究结果还表明，抑郁症状的恶化可能是留守儿童获得的照料减少所致，而这种影响不能被家庭收入增加所抵消。通过提供证据表明父母迁移会对留守儿童的抑郁症状产生消极影响并导致抑郁症状的发生，建议中国政府应提供改善留守儿童抑郁症状的方法。

第二节　父母教育期望对农村儿童认知能力的影响

一、研究背景

认知能力是人力资本的重要组成部分，农村儿童作为中国未来农业农村发展的主力军，其认知能力的良性发展将有助于实现乡村振兴、助力跨越中等收入陷阱。然而，在政府教育投入加大、农村教育配套设施较为完善的条件下，城乡儿童认知能力仍然存在较大差异，农村儿童的认知能力显著低于城市儿童（2012），这将严重阻碍农村儿童的人力资本积累，从长期来看，不利于中国跨越中等收入陷阱和乡村振兴战略的实施。

学界对农村儿童认知能力影响因素进行了一系列研究。王梅清（2011）研究认为，家庭收入水平、教育支出差距、文化因素、传统思想以及家庭抚养比等农村家庭的因素限制了农村儿童认知能力的提升。陆五一等人（2014）利用中国健康与营养调查（CHNS）数据研究发现，儿童时期的营养状况对儿童的认知能力有显著的影响，良好的营养状况有助于儿童长高。Stephanie等人（2013）研究表明，身高较高的儿童在认知方面表现较好，出现行为问题的概率较小。方超等人（2018）基于家庭决策模型，实证研究得出，家庭人力资本投资对儿童认知能力有显著的正向影响。叶敬忠等人（2006）研究认为，父母外出务工在一定程度上影响了农村儿童认知能力的提升。在理论方面，父母外出务工能够增加家庭收入，改善儿童的生活环境和信息获得渠道,但刘红艳(2017)认为,父母外出务工会使得农村儿童照料缺失,身体健康和心理健康受到影响。胡枫(2009)和许琪(2018)也表明,父母外出所引起的陪伴减少会使农村儿童学习成绩下降,进而阻碍其认知能力的提升。蒋亚丽(2017)研究发现,父母教育期望对儿童认知能力有较大影响。Pearce(2006)基于线性回归模型研究发现,父母期望对子女的认知能力有显著的正向影响。但万星(2002)认为,父母的高教育期望会增加子女的学业压力,容易对其认知能力产生负面影响。王颖(1997)研究也表明,父母的期望值过高,会超越孩子的实际承受能力,使子女认知能力的形成受到阻碍。

文献梳理表明,已有研究主要分析了影响儿童认知能力的客观因素,但鲜有研究关注父母教育期望农村儿童认知能力的影响,仅有的关于父母期望对儿童认知能力影响的研究还存在争议。为此,本节拟基于2014年和2016年中国家庭追踪调查(CFPS)的面板数据,以农村儿童为主要研究对象,深入分析父母教育期望对农村儿童认知能力的影响。

二、变量与模型选择

(一)变量选择

已有研究表明,父母对子女的教育期望显著影响家庭的教育投入(周昊昊、张棉好,2018),并且较高的教育期望有助于增加儿童的学习时间(王玲晓等,2018)。较高的教育投入和学习时间会提高儿童认知能力(梁琦,2012;周兆海,2013)。本研究选择"子女总学习时间"和"父母对子女的教育投入"为中介变量。其中,"子女总学习时间"是将问卷中的问题"周一到周五每天花在学习上的时间是几小时"和"周末每天花在学习上的时间是几小时"答案相加得到总的学习时间。衡量"父母对子女的教育投入"的题目为"过去12个月,为子女支付的教育总支出是多少元"。

控制变量主要为儿童的个人和家庭方面的特征。儿童的个人特征包括性别、年龄以及智力水平。农村地区的教育获得存在性别差异,父母在子女的教育期望上存在性别歧视现象(董强等,2007;吴愈晓,2012);家庭成员数用来衡量家庭规模,农村儿童的兄弟姐妹数越多,教育获得的性别差异越明显(梁琦,2012)。子女年龄越小,父母对其的教育预期越不明确(叶静怡等,2017);智力水平与认知能力显著相关,智力水平越高,认知能力越高(翟艾平,2006)。家庭特征包括家庭收入、父母主动与儿童沟通、父母受教育年限以及父母的认知能力。家庭收入衡量了家庭社会经济地位,社会经济地位越高,父母对子女的教育期望越高(陆五一等,2014)。父母主动与儿童的沟通衡量了亲子关系,已有研究表明,父母与子女的沟通次数越多,儿童的认知能力越高(丁亚东,2018)。父母受教育年限以及父母的认知能力衡量了父母的能力,父母的能力越强,其对子女的教育期望越高(周云波、曹荣荣,2017)。

(二)模型选择

如果使用经典的线性回归模型估计变量之间的因果关系可能会存在以下问题:第一,父母对子女教育期望的高低是根据子女特征及家庭状况(子女性别、子女数量、家庭收入等)决定的,即高期望父母样本与低期望父母样本的初始条件不同,若直接比较高期望组和低期望组儿童的认知能力会存在样本的"选择性偏差"。第二,变量内生性问题。理论上,父母教育期望会影响儿童的认知能力,但儿童认知能力又会反过来影响父母教育期望,因此存在内生性问题。以上两个问题导致估计结果有偏。所以,本研究在面板OLS回归分析的基础上,选择双重差分倾向得分匹配法对模型偏误进行修正。

估计父母教育期望对儿童认知能力的影响,本研究首先将教育期望设为虚拟变量,取值为0时表示父母期望子女完成高等教育以下的各阶段教育,即不期望子女最终完成高等教育,取值为1时则表示父母期望子女最终完成高等教育。在1374个样本中,父母对子女的教育期望为高的样本量占比71.11%,父母对子女的教育期望为低的样本量占比28.89%。考虑高期望父

母的平均处理效应（Average Treatment Effect on Treated，以下简称 ATT），即

$$ATT = E(y_{1i} - y_{0i} \mid D_i = 1) \quad (4-5)$$

如果简单地比较高期望父母样本与低期望父母样本其子女认知能力的差异，即 $E(y_{1i} \mid D_i = 1) - E(y_{0i} \mid D_i = 0)$，会产生如下选择偏差：

$$E(y_{1i} \mid D_i = 1) - E(y_{0i} \mid D_i = 0) = E(y_{1i} \mid D_i = 1) -$$
$$E(y_{0i} \mid D_i = 1) - E(y_{0i} \mid D_i = 1) = E(y_{0i} \mid D_i = 0) \quad (4-6)$$

在（4-6）式等号右边，前两项是本研究感兴趣的 ATT，后两项即为选择偏差（Heckman J, et. al., 1997）。

针对选择偏差以及内生性问题，可使用双重差分（Difference-In-Difference，DID）模型进行分析。具体来说，本章形成四个子样本：2014 年高期望组、2014 年低期望组、2016 年高期望组、2016 年低期望组。

DID 模型最重要的前提是高期望组和低期望组必须满足共同趋势假设，即如果不存在教育期望差异，儿童的认知能力随时间变化不存在系统差异。但现实中这一假定很可能无法满足。由 Heckman 提出并发展起来的 PSM-DID（Propensity Score Matching-Difference-In-Difference）方法可以有效解决这一问题，使 DID 方法满足共同趋势假设。双重差分倾向得分匹配方法（PSM-DID）的基本思路是对高期望组和低期望组的样本进行重新挑选，为每个高期望组个体在低期望组中寻找倾向得分（利用 Logit 模型估计的父母教育期望为高的概率拟合值）相似的可比对象进行配对分析，从而除去高低期望的非随机性带来的选择性偏误和混杂偏误，使得重新筛选出来的高期望组和低期望组除儿童认知能力有所差异外，其他特征变量（既包括可观测变量，也包括不可观测变量）尽可能相似，进而可以估计父母教育期望对儿童认知能力的净影响。

三、数据来源与样本特征

（一）数据来源

本研究所使用的数据来自北京大学中国社会科学调查中心实施的中国家

庭动态跟踪调查（China Family Panel Studies，以下简称 CFPS）。在数据清理过程中，考虑到 0~9 岁儿童只有父母代答信息，10~15 岁儿童除了父母代答信息之外，自身也会作答问卷部分问题，为了更全面地了解少儿的基本信息，因此选取 10~15 岁的儿童作为研究样本。将 CFPS 2014 和 CFPS 2016 数据进行匹配，得到面板数据。而后，基于少儿数据中父母个人 ID 与成人数据中的个人 ID，将少儿与父母进行一一匹配，在此基础上与家庭信息库进行匹配，删除匹配不成功的观察值，同时，删除包括家庭信息、父母信息、测试得分数据缺失的样本，最终得到 687 个有效样本。

（二）样本特征

通过梳理已有文献，结合父母教育期望和农村儿童认知能力相关研究，本节选取了教育期望影响农村儿童认知能力的相应变量指标。其中，核心被解释变量为农村儿童的认知能力，包括数列测试得分、字词测试得分以及测试总得分。本节所选样本的数列测试平均得分为 7.34 分，相较于数列得分而言，字词测试得分较低，平均分为 5.80。测试得分加总平均分为 13.14，按照总分 25 分计算，农村儿童测试总平均分为总分的 52.56%，处于及格水平之下。本节的核心解释变量是父母的教育期望，所选样本的平均得分为 5.59。

本节的控制变量主要为儿童的个人和家庭方面的特征。儿童的个人特征包括性别、年龄以及智力水平，样本平均年龄为 12.35 岁，平均智力水平为 5.52 分。家庭特征包括家庭收入、家庭成员数、父母主动与儿童沟通、父母受教育年限以及父母的认知能力。样本平均家庭收入的对数是 10.41；样本平均家庭成员数为 5.12 人；父母主动与儿童沟通的得分为 2.29。样本中父亲平均受教育年限为 7.25 年，母亲平均受教育年限为 5.64 年，总体而言农村父母教育水平较低。父亲平均认知能力得分为 9.66，母亲平均认知能力得分为 9.13。在教育投入方面，农村父母对儿童的教育投入平均为 1915 元。农村儿童非周末学习时间平均为 7.94 小时，周末平均学习时间为 3.32 小时，总体而言学习时间较短。

四、研究结果及其分析

本节对主要变量进行皮尔逊相关关系检验,研究变量两两之间的关系,再使用面板 OLS 模型估计农村父母教育期望对儿童认知能力的影响,并运用 PSM-DID 方法尝试解决不可观测变量所带来的内生性问题,最后利用结构方程模型探究了农村父母教育期望对儿童认知能力产生影响的作用路径。

(一)皮尔逊相关关系结果

通过计算测试得分、教育期望、教育投入和学习时间变量两两之间的关系,皮尔逊相关结果显示,变量两两之间存在显著的正相关关系,可以继续对变量之间的关系进一步探索。

(二)面板 OLS 模型估计结果

农村父母教育期望对儿童认知能力影响的模型估计结果显示,父母对子女的教育期望在1%统计水平上显著影响子女的数列测试得分、字词测试得分以及测试总得分。具体而言,父母教育期望每增加一个单位,儿童的认知能力会增加0.75分。加入控制变量后的估计结果显示,父母对子女的教育期望同样在1%统计水平上显著影响子女的数列测试得分、字词测试得分以及总得分。父母教育期望增加一个单位,儿童认知能力总得分会增加0.48。说明农村父母教育期望对儿童认知能力存在影响,即父母教育期望越高,儿童认知能力越好。

在其他控制变量中,性别对数列测试得分和总得分有显著正向影响。年龄、智力水平、父母亲认知能力对儿童的数列测试得分、字词测试得分以及总得分有显著正向影响。家庭收入对数列测试得分有显著正向影响。家庭成员数正向影响儿童的数列测试得分,反向影响儿童的字词测试得分。

（三）PSM-DID 估计结果

本节首先检验了各协变量在控制组和处理组之间的分布是否平衡。经检验，匹配后的各协变量均值在控制组和处理组之间不存在显著差异，说明样本数据适合 PSM-DID 方法，且研究结论具有相当的可靠性。由于篇幅有限，故在此处略去具体的平衡性检验结果。

PSM-DID 的回归结果表明，高期望增加了儿童的认知能力，且在 1% 的水平上显著。高期望父母的子女认知能力比低期望父母的子女认知能力高 1.95 分。PSM-DID 结果与普通最小二乘法的估计结果相似，表明父母对子女的教育期望确实能够有效地提高子女的认知能力。

（四）基于结构方程的作用路径分析

为深入探究农村父母教育期望对儿童认知能力产生影响的作用路径，本节利用结构方程模型进行了作用路径分析。根据前文的理论框架，本节的作用路径为：父母对子女的教育期望影响了父母的教育投入以及儿童的学习时间，而父母的教育投入和儿童的学习时间则共同影响了儿童的认知能力。

通过结构方程模型估计结果显示，父母对子女教育期望在 1% 统计水平上显著影响子女总学习时间，并且在 1% 统计水平上显著影响父母对子女的教育投入。即父母对子女的教育期望每增加 1 个单位，子女总学习时间会增加 0.7 小时，同时，父母对子女的教育投入会增加 149.73 元。而父母对子女的教育投入在 5% 统计水平上显著影响儿童认知能力，子女总学习时间在 1% 统计水平上显著影响儿童认知能力。即父母对子女的教育投入每增加 1 个单位，儿童的认知能力相应提高 0.00011；子女总学习时间每增加 1 个小时，儿童认知能力会提高 0.23 个单位。这也意味着，父母的教育期望显著影响着其对子女的教育投入，也影响着子女的学习时间。而父母的教育投入和子女的学习时间显著影响了儿童的认知能力。这说明，父母的教育期望通过教育投入和子女学习时间两条作用路径影响了儿童的认知能力，父母教育期望越高，其对子女的教育投入越多，儿童认知能力越高；相应地，父母教育期望越高，子女的学习时间越长，儿童的认知能力越高。

五、结论与建议

本节利用全国性的家庭追踪调查数据（CFPS），实证检验了父母教育期望对农村儿童认知能力的影响，使用 PSM-DID 方法解决了可能存在的内生性问题，并进一步利用结构方程模型探究了其中的作用路径。本章的主要结论是父母教育期望对农村儿童认知能力有显著的正向影响，即父母教育期望越高，儿童认知能力越高。产生这种影响的作用路径为父母的教育投入和子女的学习时间。具体而言，父母教育期望越高，越有可能投入更多的资金用于教育，子女相对更容易获得较为丰富的教育资源。父母教育期望越高，也越有可能投入更多的时间和精力用于督促子女学习，增加其学习时间，从而提高儿童的认知能力。

上述结论具有如下政策含义：

（1）政府在增加农村基础教育投入的同时，也应重视通过宣传等手段提高农村父母对子女的教育期望，彻底改变农村社会尚存在的"读书无用论"观念。通过加强舆论引导、宣传典型等方式，使农村居民在主观上承认和接受教育对提升社会地位的作用，最终在农村社会形成与城市相同的强调知识经济的观念和对文凭的重视程度。提高父母的教育期望是提高农村儿童受教育水平、促进其人力资本良性积累的重要途径，这将有利于中国经济的平稳快速发展，助力实现乡村振兴，促进跨越中等收入陷阱。

（2）应重视提高农村父母对子女的教育投入以及督促监督子女学习的时间。一方面，更多的教育投入将有效提高子女的认知能力，虽然农村居民收入普遍低于城市居民，但政府可以通过加大农村教育资金投入和教育扶贫等方式，引导和鼓励农村父母加大对其子女的教育投入。另一方面，学习时间是农村儿童获得更高认知能力的基础，相关教育部门可以通过督促和政策引导等方式，鼓励农村父母提高对子女的学业监管，增加其学习时间，从而进一步提高农村儿童的认知能力。

第三篇

非技能型人力资本对农民工市民化
能力提升的影响研究

农民工市民化能力提升新视野　>>>

第五章　农民工非技能型人力资本对就业的影响

第一节　绪　论

一、研究背景

数以亿计的农民工①每年在华夏大地上为了生活而奔波。根据国家统计局《2016年农民工监测调查报告》显示，2016年我国农民工总量达到28171万人，比2015年增加424万人。其中，在户籍所在乡镇地域之外从业的农民工人数为（亦称"外出农民工"）16934万人，占当年农民工总数的60.1%，跨省流动农民工为7666万人，占总数的27.2%。这些数据说明，日渐庞大的农民工群体为改革开放后的中国做出了巨大贡献，是推动我国工业化发展、加快城乡建设、实现以工业反哺农业、城市支持农村的主要力量。

能力包括认知能力和非认知能力②，在认知能力趋于稳定的时候，提高

---

① 本章中农民工概念是户籍仍在农村，年满16周岁，男性在60周岁及以下，女性在55周岁及以下，主要从事非农产业，并以此为主要收入来源的劳动者。（参照：国家统计局、国家劳动法相关定义）
② 本章中非认知能力的概念是针对认知能力提出的，指那些与计算、阅读或背诵等认知能力不同的，却可以用个性特质进行衡量的能力，从字面理解，指不属于认知能力范畴的那部分能力。（来源：程飞，2013年《中国高教研究杂志》）

非认知能力才能提升个人的能力，由此可见，非认知能力具有重要性。根据已有研究发现，在早期投资即使没有促进 IQ 值的提高，也会影响非认知能力，家庭教育是早期干预非认知能力的关键（张红岩，2010）。人们可以通过接受教育提高认知能力和非认知能力，但不同于认知能力可以通过一些识字、计算等测试方法来衡量，非认知能力是依靠潜移默化、长期逐渐深入的方式影响人们的行为以及思想。通过早期影响非认知能力，可以在后期决定个体的职业选择、工资收入和社会地位。已有研究通过对安徽省 899 名农民工职业紧张调查发现，抑郁症状的平均得分为 20.23±9.76 分，抑郁症状的发生率为 67.2%，远高于 10~12 的参考值，说明非认知能力与职业紧张有关系（胡成锋、潘登等，2016），拥有体面的、稳定的工作可以带来更高的收益，这为有较高的社会地位打下良好的基础。因此，非认知能力是可以贯穿在整个生命周期的重要因素。

然而，针对农民工非认知能力问题的学术研究是较少的。在中国知网上，使用"非认知能力"为主题词进行检索后，仅仅是期刊文章有 69 条，其中 CSSCI 搜索期刊有 8 条，这其中的部分文献还包括元认知和认知能力的文章，若加上"农民工"一词进行搜索，有关农民工非认知能力的文章更是微乎其微。为了了解非认知能力的情况，只能够检索人格特质[①]的相关文献（人格心理学家主要使用"人格"或"人格特质"的概念，经济学家则偏好使用"非认知能力"这一词语，本章中二者不做区分）。因此，使用"农民工"和"人格特质"进行主题检索，结果有 16 篇期刊文章。例如，宋时磊和史宇轩（2016）；刘衔华等（2008）；杜志丽、刘连龙（2011），3 篇 CSSCI 文献，张琳和刘电芝（2011）；郭天蔚等（2014）；冯菲菲、史春林（2012）。这在中国知网上检索与农民工有关其他问题的文献数量，形成了鲜明的对比。

近日，农民工自身能力下降，导致农民工人力资本水平随之降低，如何提高农民工的人力资本成为一个新问题。从农民工非认知能力角度了解农民

---

① 本章人格特质包括严谨性、外向性、顺同性、开放性和神经质或情绪稳定性。（来源：李涛和张文韬，2015 年《经济研究》）

工群体现状,可以清楚地知道农民工的哪部分能力较之前有所弱化,找到农民工人力资本下降的根源之处。农民工要有开放性的思想,接受现在拥有的先进科学技术,不依经验之谈封闭自己获取现代化信息的渠道,要通过技术培训与指导、理论与实践相结合的方式,提高农民工非认知能力。农民工不仅要思想开放,还要心情舒畅、情绪稳定。"富士康事件"的发生,让人们关注的焦点放在了抑郁、精神紧张等心理健康问题。情绪稳定(神经质)是非认知能力当中的一个重要组成部分,农民工群体是易于产生焦虑、抑郁的人群,关心农民工的心理健康,及时有效进行引导和疏通,防患于未然。农民工非认知能力的提高是增加农民工收入的另一渠道,是建设和谐家庭社会的有利因素。

二、研究目的与意义

(一)研究目的

本章运用中国家庭追踪调查(CFPS)数据,利用"大五"人格方法对农民工非认知能力进行有效测度,分析其对收入的影响,以及其中存在的作用机制,进而提出增加农民工收入的政策建议。

(二)研究意义

本章对农民工非认知能力的研究有利于分析农民工目前存在的现状。理论意义是基于新型人力资本视角,从非认知能力角度分析农民工人力资本的提升。现实意义是在现实生活当中,农民工工资的不断上涨,要求农民工具有较高的能力,但是在劳动力市场上,具有这种较高能力的农民工是较少的,因此出现了"招工荒"的现象,这种现象的产生是由于农民工的人力资本处在较弱状态。已有文献证明了能力不再只是认知能力,它还包括非认知能力,并且非认知能力会决定认知能力的水平,因此本章重点分析农民工非认知能力的影响程度。

第二节 文献综述及述评

近年来,越来越多的学者关注非认知能力,因为相比认知能力而言,非认知能力更加可以影响人们的行为和思想,这体现了非认知能力的重要性。

一、非认知能力的测度

在出现了以"大三"人格、"大五"人格或"大七"人格等方法测度非认知能力时,"大五"人格理论方法用于测度非认知能力已经普遍得到国内外学者的认可。"大五"模型的思想最早是由奥尔波特和奥德巴尔特(1936)提出的,并由科斯诺和麦克雷(1992b)正式构建出目前使用的"大五"人格分类法。科斯诺和麦克雷(1992)发现,绝大多数在心理学研究中用到的人格变量都可以被划分到"大五"人格中的某一方面。

用人格特质测度非认知能力是近年来国内外学者研究的热点。鲁宾斯(2009)和李涛、张文韬(2015)认为,人格特质是相对稳定的思想、感受和行为模式,体现了个体在某种情境下以某种方式做出反映的倾向。周金燕(2015)和阿尔姆隆德等(2011)认为,将人格分为五个维度:情绪稳定性(Emotional stability)、外向性(Extraversion)、开放性(Openness)、宜人性(Agreeableness)、尽责性(Conscientiousness)。科斯塔和麦克雷(1997)指出,"大五"人格适用于不同国家和文化。戴晓阳等人(2004)和王孟成等人(2010)认为,"大五"人格能够较好地解释中国人的人格特性。程飞(2013)指出,从过去20年的研究中可以看出,个性特质"五要素模型"逐渐得到研究者的共识并被广泛应用于对非认知能力的测量。

关于非认知能力的测度,以"大五"人格作为测量工具是国内外学者普遍达成的共识。从研究的时间上看,国外相比国内研究稍早些,每个人格特质都可以归到"大五"人格中的一个维度,体现出"大五"人格拥有高度的概括性，且适用于任何国家和文化，具有普适性。

二、非认知能力对收入的影响

杰姆（2000）以 GED 项目①为背景的实证研究发现，持有 GED 证书的人所赚取的收入远低于高中毕业的学生，这一奇怪现象通过之后的一系列探讨后发现，其原因在于 GED 证书持有者的家庭近三分之一是单亲家庭，这一比例远高于高中毕业学生的家庭，家庭环境因素的影响使得 GED 证书持有者的性格受到严重变化，最为明显的影响后果是收入的降低。最后，赫克曼等人的研究结论认为，虽然持有 GED 证书的人很聪明，但是相比于高中毕业生来说，他们缺少自信、耐心、坚忍等一些非认知能力。因此，他们在劳动力市场中，表现不及高中毕业生，收入也会低于高中毕业生。在受教育程度方面，赫克曼等人（2006）发现，自尊和控制信念等非认知能力，除了对工资收入有直接的正面促进作用，还可以通过教育水平的提高而对工资收入发挥间接作用，还对雇用关系、工作经验、职业选择等都存在显著的影响。以工资收入为例，如果将劳动者的非认知能力由 25 分位提升至 75 分位，那么男性劳动者工资收入将会增加 10%，而女性劳动者工资收入将会增加 40%。与认知能力进行比较，同样范围的分位变化，男性增加 20%，女性增加 30%。由此可见，非认知能力的影响程度会大于认知能力。

尼胡斯和庞斯（2005）利用荷兰的数据研究发现，在性别方面，情绪稳定性对男性和女性的工资都具有显著的正面影响，而宜人性对收入分布底端的女性工资有负面影响。范斯坦（2000）使用英国国家代际数据（BCS）研究早期非认知能力（10 岁时）对日后在劳动力市场表现的影响关系，其研究结论是自尊会引起男性的收入增加，而对女性没有显著的影响。鲍尔斯和吉蒂（2001）认为在劳动力市场中，非认知能力对近 80%劳动者表现起到了积极作用，而不是人们一直以为的认知能力。实际上，由计算、字词所体现

---

① GED 项目是一般教育发展资格考试，是美国和加拿大国家专门为了因种种原因而未获得高中文凭的学生组织的一项资格考试。

出的认知能力对其影响的相关系数非常低。他们在研究中总结，在影响教育和职业选择的时候，非认知能力比认知能力更加重要。穆勒和普拉格（2006）采用威斯康星纵向调查数据，利用"大五"人格模型作为测度非认知能力的指标，以此得到非认知能力与收入之间的关系。研究发现，对男性而言，外向性和开放性对收入有明显影响；对女性而言，严谨性和开放性对收入有显著的正向影响。总体而言，非认知能力对收入有影响，并且在性别方面存在差异性。考利等人（2001）应用美国青年纵向研究调查数据（NLSY），依据自律这一非认知能力特征指标分析对劳动者收入的影响，使用迟到、逃课等变量代表自律。回归结果显示，自律这一特征显著影响劳动者收入。

相比于国外学者对非认知能力的大量研究，国内学者对该领域的研究微乎其微，研究成果也明显落后于国外。郑加梅和石卿松（2016）认为非认知能力和心理特征（包括风险偏好、竞争态度和工资议价等）对教育、职业选择和工资收入等具有影响，且因性别不同会存在工资回报差异。程虹和李唐（2017）基于中国企业—员工匹配调查（CEES）数据，就人格特征对劳动力工资的影响进行实证检验。研究结果表明，开放性和严谨性等积极的人格特征对劳动者的收入有促进的显著影响，对于目前的中国劳动力市场，以开放性人格特征为代表的创新型人格特征较为缺少，其对收入的边际贡献更加明显。李晓曼和曾湘泉（2012）从新人力资本角度分析非认知能力对于职业选择的影响，其中存在正向的显著关系，文章还提到能力与就业之间的关系，针对我国长期面临结构性失业的问题，提升非认知能力是解决该问题的重点政策建议。黄国英和谢宇（2017）使用中国家庭追踪调查CFPS 2010年和2012年两期数据，实证分析认知能力与非认知能力对青年劳动力收入回报的影响。结果表明，认知能力对工资性收入具有显著的正向的影响，但是是通过教育来影响的，当控制了教育变量之后，认知能力对收入的影响显著性降低，认知能力并非其主要影响因素。

三、农民工非认知能力的现状

近年来,有学者把目光投向农民工的非认知能力研究当中,他们了解农民工群体的人格特征,从而提高他们的非认知能力。张琳、刘电芝等人(2011)研究表明,性格越外向的农民工,其主观幸福感就越高。宜人性对主观幸福感、人际和谐两个维度有预测作用。梅耶斯(1993)也指出,宜人性特质有利于人们创造快乐的生活环境,因而对主观幸福感具有工具性的作用,这种人格特质可以引导人们去面对特殊的生活事件从而影响主观幸福感。王玉龙、彭运石等人(2014)研究显示,作为预测主观幸福感的内部因素,人格的作用是稳定且长期的。"大五"人格的外倾性对农民工的生活满意度有显著的正向预测作用。刘衔华、罗军等人(2008)调查结果表明,外向、情绪乐观且稳定的在岗农民工主观幸福感水平高于内向、情绪悲观易变的农民工。

非认知能力不仅仅影响主观幸福感,同样影响着社会支持和生存质量等方面。萨拉森等人指出,主观感知的社会支持不仅是一种环境变量,更可能是一种稳定的特征。由此可以推论人格会对感知社会支持产生影响。泽拉斯等人指出,外向性的人更易感受到情绪性的社会支持。郭天蔚、图娅等人(2014)研究表明,情绪稳定且外向的农民工对于新环境有较强的适应性,能够更快融入城市,因而更容易对生存质量做出良好评价,但仍有部分农民工存在明显抑郁症状,其主观生存质量也受到了影响。黄永、王君锋等人(2008)研究表明,建筑业农民工的主观生存质量不理想,与社会支持、工资收入等问题相关。

诸多学者经过研究表明,人格特征能够影响农民工非认知能力,不同的人格特征对非认知能力有正向的或者负向的影响。关注农民工这个特殊的群体,关注他们的人格特征对提高农民工非认知能力有较大帮助。

四、文献述评

综上所述，发现国外学者对非认知能力的研究比国内学者的研究时间稍早些，在方法上，相比国内的也更发达。用"大五"人格方法作为测度非认知能力的工具，已经得到了学者的广泛认同。非认知能力可以影响收入、职业选择、幸福感等方面。所以，越来越多的人将目光转向非认知能力的研究，体现了非认知能力的重要性。对于农民工这一弱势群体而言，提高非认知能力水平有助于提升其生产或生活质量。

第三节 非认知能力指标体系构建

通过对已有文献的阅读，了解到"大五"人格是已经得到国际公认的测量非认知能力的指标体系。

一、"大五"人格的发展来历

20世纪80年代以来，人格研究者们在人格描述模式上达成了比较一致的共识，提出了"人格五因素模式"，其被称为"大五"人格。"大五"人格中最核心的理论思想是"人们的人格特质是可以通过日常生活中所经常使用的一些词汇进行归纳、概括和描述的，而并非是完全不可观测的黑箱"。这一核心思想最初是由美国心理学家阿尔波特和奥德伯特在1936年提出来的，两位心理学家依据英国科学家高尔顿爵士提出的方法，在词典中找到关于很多人都拥有的类似特点的词语，一共包含17953个英文单词，整理发表了一份史无前例的人格词表。其中，关于特质的4504个词语成为后来人格心理学研究的重点，这些词是整个人格词表中最核心的内容，也是最接近现代心理学家描述人格特质时所经常使用的术语。

所谓特质，指的是一个人在行为、思维和情绪方面的习惯性模式，例如，有攻击性的、善于交际的，等等。特质是相对稳定的，不容易随着时间的变化而发生改变，不同的人具有不同的特质。特质会影响人的行为，并且有证据表明遗传因素对所有的人格特质因素都有不同程度的影响。

在20世纪40年代，美国心理学家卡特尔使用聚类分析方法，将特质的四千多个词语缩减成35个变量，接着又使用因素分析方法，最终提取了12个人格因素，加上通过自陈问卷所发现的4个因素，最终成为卡特尔编制16种人格问卷量表的基本材料，这些因素被收入在"卡特尔十六种人格因素问卷"（Cattell's 16PF）当中。这一项工作可以说是厥功至伟，这是研究者第一次采用统计分析方法从偌大复杂的特质中提取出具有决定性意义的因素，这些因素相互独立，又可以包含所有的变量。从此，人格研究终于建立了清晰、简洁而具有代表性的结构模型，心理学界终于得到了一个可操作的、明确的、有序的且区分度高的人格分类系统。

20世纪80年代，柯斯达和麦克雷研究出著名的NEO人格问卷（N-E-O Personality Inventory，NEO-PI），用于测量神经质、外向性和开放性三个人格特质维度。后来，两人发现在"大五"人格中NEO正好是其中三个。1992年，两人再次发表了修订版问卷NEO-PI-R（N-E-O Personality Inventory-Revised），修订版问卷涵盖了"大五"人格所代表的五个人格因素，每个因素包括六个细分维度，因此出现了著名的"人格五因素模式"，即"大五"人格。在2005年的一项研究调查显示，在调查50种不同的文化，考虑了性别差异等影响因素，发现了"大五"人格在所有的人类群体中都是适用的、共通的。

在严谨性维度中，严谨性强的人容易避免产生不必要的麻烦，能够获得更大的成功。人们通常认为严谨性强的人更加聪明和可靠，但是也可能会是一个完美主义者或工作狂。极端严谨的个体让人觉得单调、乏味，缺少朝气蓬勃的精神面貌，冲动并不一定就是坏事，有时候环境要求我们能够快速决策。严谨性弱的人被认为是快乐的、有趣的、很好的玩伴，但是冲动的行为常常会给自己带来麻烦。虽然冲动给人带来暂时的满足，却容易产生长期的不良后果，比如攻击他人、吸食毒品，等等。由此可见，严谨性弱的人一般不会获得很大的成就。

在外向性维度中，外向性高的人愿意与人接触，他们充满活力，经常感受到积极正向的情绪，这类人具有热情的性格，喜欢运动，喜欢刺激冒险的事情，在一个群体当中，他们非常健谈、自信，喜欢引起别人的注意；外向性低的人则比较安静、谨慎，不喜欢与外界过多接触，他们不喜欢与人接触，这不能被解释为害羞或者抑郁，仅仅是因为与外向性高的人相比，他们不需要太多的刺激，因此喜欢一个人独处。外向性低的人的这种特点有时会被人误认为是傲慢、高冷或者是不友好的，如果和这种性格的人过多接触，那么会发现这类人是非常和善的。

在顺同性维度中，顺同性强的人是善解人意的、友好的、慷慨大方的、乐于助人的，愿意为了他人而放弃自己的利益，顺同性强的人对人性持乐观态度，相信人之初、性本善；顺同性弱的人则把自己的利益凌驾于别人的利益之上，本质上，他们不关心别人的感受，有时他们对别人是多疑的，怀疑别人的动机，因此不愿意去帮助他人。

在开放性维度中，开放性得分高的人具有丰富的想象力和创造力，对任何事物都有好奇心，对艺术的欣赏独特，对美的事物比较敏感。开放性高的人偏爱抽象思维，兴趣广泛。开放性得分低（封闭性）的人讲求实际，偏爱常规，比较传统和保守，不想打破原有的规则，在思维上喜欢墨守成规。

在神经质维度中，神经质得分高的人更容易体验到愤怒、焦虑、抑郁等消极的情绪，这些人对外界刺激反应比一般人强烈，对情绪的调节控制能力比较差，经常处在一种不良的情绪状态之中，并且这些人产生的思维、做出的决策，以及有效应对外部压力的能力比较差。神经质维度得分低的人有较少的烦恼，较少的情绪化，比较平静，但这并不表明他们经常会有积极的情绪体验，积极情绪体验的频繁程度是外向性的主要内容。

二、CFPS 数据中测度非认知能力问题

参照李涛和张文韬对"大五"人格相关问题的测度，本章同样使用文献

中采取的测量方法，如表 5.1 所示。

表 5.1　CFPS2010 问卷中衡量"大五"人格的问题

"大五"人格	考察方面	主要特征	CFPS 中对应问题
严谨性	条理性	个体处理事务和工作的秩序和条理	1. 受访者的衣着整洁程度 2. 家庭内部的整洁程度 3. 有成就感的重要程度 4. 多大程度上赞同"努力工作能得到回报"
	事业心	个体的奋斗目标和实现目标的进取精神	
	审慎性	个体在采取具体行动前的精神状态	
外向性	热情性	个体对待别人和人际关系的态度	5. 受访者对调查的疑虑 6. 受访者的待人接物的水平 7. 不孤单的重要程度 8. 生活有乐趣的重要程度 9. 对陌生人的信任程度 10. 不被人讨厌的重要程度
	乐群性	人们是否愿意成为其他人的伙伴	
	正性情绪	个体倾向于体验到正性情绪的程度	
顺同性	信任	个体对其他人的信任程度	11. 在与人相处方面能打几分 12. 受访者对调查的配合程度 13. 受访者对调查的兴趣 14. 传宗接代的重要程度（反向）
	利他性	个体对别人的兴趣和需要的关注程度	
	顺从性	个体与别人发生冲突时的倾向性特征	
开放性	行动	人们是否愿意尝试各种不同活动的倾向性	15. 感到精神紧张的频率 16. 感到坐卧不安，难以保持平静的频率 17. 感到情绪沮丧、郁闷、不振奋的频率 18. 感到未来没有希望的频率 19. 做任何事都感到困难的频率 20. 认为生活没有意义的频率
	价值	人们对传统价值观念的反对程度	
神经质	焦虑	面对难以把握的事物、令人害怕情况时的状态	
	抑郁	正常人倾向于体验抑郁情感的个体差异	
	脆弱性	个体面对应激时的状态	

　　需要说明的是，表 5.1 中构造 CFPS2010 成人数据库的"大五"人格相关问题包括两类，一类是 CFPS2010 问卷中由访员观察评价的问题，占相关问题的较少部分，打分区间是 1~7；另一类是 CFPS2010 成人数据库中调查

问卷的自评问题，占到相关问题的绝大多数，打分区间是1~5。

表5.1中的第1题、第2题、第5题、第6题、第12题和第13题的打分区间是1~7（很低—很高），由于打分区间的不一致，本章根据前人的做法，对相关问题的处理方式是将第一类题目的取值范围调整到第二类题目的取值范围，使得两类问题的打分区间相同，具体的操作是将第一类的每个问题乘以5/7，然后将得分分别取整。通过这样的处理把打分区间进行转化，致使表中所有的题目都是相同的打分区间，即全部是1~5。

其中，第2题的题目由于CFPS2010成人问卷中未涉及家庭的情况，因此借鉴李涛和张文韬对问题的处理是此题目关联CFPS2010家庭问卷中的相同问题。同样地，由于数据的限制，在CFPS2010成人问卷中，未找到与第9题相似的问题，所以此题目关联CFPS 2012成人问卷中的相同问题，而此题目的打分区间是1~10（非常不信任—非常信任），使用前文同样地处理方式，把打分区间转化成1~5。

在表5.1中第14题是反向问题，打分区间是1~5，需要把反向问题进行翻转，即调成正向问题，通过查阅文献得知，反向问题的处理方法是用6减去该题的得分，即得到翻转后的得分。使用同样的处理方法，在第15题至第20题中，打分区间是1~5，分别是：1分代表几乎每天、2分代表经常、3分代表一半时间、4分代表有一些时候、5分代表从不，将这六道题进行翻转，即1分代表从不、2分代表有一些时候、3分代表一半时间、4分代表经常和5分代表几乎每天。通过将表5.1中的问题进行处理，使得所有衡量"大五"人格的问题全部是相同得分区间并且是同一方向，即每题分数越高，代表了相应人格特质越强烈。

第四节　数据来源及描述性统计分析

本节是对本章所使用的数据进行的详细介绍，首先是数据的来源，其次是对农民工样本数据的筛选，最后分析农民工的个体特征情况，包括对性别、年龄、民族、婚姻等方面进行统计描述。

一、数据来源及处理

(一) 数据来源

需要特别说明的是，通过对已有文献的阅读，参考李涛和张文韬的资料，发现仅CFPS2010中有衡量"大五"人格的相关问题；在其他的几个年份调查问卷中，未找到可以测量"大五"人格的相似问题，或者说只有一部分的题目可以衡量"大五"人格中的某些人格特质；并且已有文献提到人格特质不会随着时间的推移而发生改变。因此，本章使用2010年CFPS调查数据来分析农民工非认知能力对收入的影响。

(二) 数据处理

在CFPS2010问卷中有四个数据库，分别是社区数据、家庭数据、成人数据和少儿数据，由于本章分析的是农民工非认知能力情况，因此选择成人数据。

对于筛选农民工样本数据时有四点条件，首先是农业户口，根据成人问卷中的问题A2即"您现在的户口状况是？"如果调查者回答是"1. 农业户口"，则符合农民工样本数据的筛选；其次是年龄和性别，在成人数据库中，使用变量qalage"自动计算年龄"和变量gender"性别"，筛选男性在60周岁以下，女性在55周岁以下，保留年龄范围在16~60岁的样本数据，则符合本章农民工样本数据的要求；然后，关于异地以非农就业为主，根据成人问卷中的问题G303即"您现在主要是在哪个机构工作？"回答不是"5. 务农"，即调查者回答是"1. 自己经营"或者是"3. 在单位工作"，则符合农民工样本数据的筛选条件；最后，剔除本章所关注变量的异常值和缺失值，最终符合取样条件的农民工有效样本量是3785人，其将作为本章研究数据分析的样本量。

二、农民工样本定义及描述分析

(一) 年龄

根据我国《中华人民共和国劳动法》第十五条的规定①，以及《中华人民共和国合同法》《中华人民共和国就业促进法》相关法律规定的法定劳动年龄②定义对农民工年龄划分为四种类型，即16岁至29岁为青年，30岁至39岁为中青年，40岁至49岁为中年，50岁至60岁为中老年。青年农民工有1159人，其所占比例是30.62%；中青年农民工有1056人，其所占比例是27.90%；中年农民工有1115人，其所占比例是29.46%；中老年的农民工有455人，其所占比例是12.02%。青年农民工和中年农民工数量旗鼓相当，并且出现了新生代农民工（指出生日期在1980年以后的人），有一批数量可观的青年农民工进入到农民工群体中。从50岁开始，随着年龄增长，人们逐步进入中老年时期，可能由于体力尚不如从前，人们将逐渐退出劳动力市场，所以出现了中老年农民工人数的大量减少。

(二) 性别

在农民工样本中，男性有2405人，赋值为1；女性有1380人，赋值为0。男性农民工占样本总量的63.54%，女性农民工占样本总量的36.46%。可以看出，男性农民工人数明显超过女性农民工人数，且男性农民工人数是女性农民工人数的1.74倍，说明了农民工男女比例的严重不均衡，可能是由于男性较女性更加容易找到工作，在体力方面，男性也是较强于女性，或者是女性农民工由于家庭因素的影响，需要经常照顾老人和孩子，在工作过程中，难免会出现经常请假的情况，从而影响雇佣关系。

---

① 禁止用人单位招用未满十六周岁的未成年人。
② 满16周岁至退休年龄，有劳动能力的中国公民，退休年龄一般指男60周岁，女干部身份55周岁，女工人50周岁。

（三）民族

民族分为两类，分别是汉族和少数民族，分别赋值为1和0。经过统计得出，在农民工样本中，汉族农民工有3612人，其所占比例是95.43%；少数民族农民工有173人，其所占比例是4.57%。从中可以看出，在外务工的农民中，汉族农民工的数量要远超于少数民族农民工。

（四）受教育程度

农民工的受教育程度分为高学历和低学历，其中高学历表示完成国家九年义务教育，即达到高中及以上学历，赋值为1；低学历表示未完成国家九年义务教育，即达到初中及以下学历，赋值为0。经统计，在农民工样本中，高学历的农民工有822位，其所占比例为21.72%；低学历的农民工有2963位，其所占比例为78.28%。可以看出，在被调查的对象中，低学历即未完成国家九年义务教育的农民工人数较多，说明大部分的农民工受教育水平比较低，没有完成九年义务教育的原因可能是农村教育水平薄弱，或者受思想和家庭因素的影响，例如"重男轻女"的思想、家庭经济收入等因素，导致了农民工受教育程度不高。

（五）组织成员

文中组织成员包括中国共产党、民主党派、县/区和县/区级以上人大（代表）、县/区和县/区级以上政协（委员）、工会、共青团、妇联、工商联、非正式的联谊组织（社会、网络、沙龙等）、宗教/信仰团体、私营企业主协会、个体劳动者协会和其他正式注册的社会团体（行业协会/学会/专业协会/联合会/联谊会等），属于组织成员的农民工赋值为1；非组织成员表示没有参加过上述任何组织，赋值为0。经统计得出，在农民工样本中，组织成员有983人，其所占比例是25.97%；非组织成员有2802人，其所占比例是74.03%。可以看出，非组织成员的农民工数量远远大于组织成员的农民工人数，说明了绝大多数的农民工未加入上述的任何一个组织，这可能与农民工的受教育程度低有关，未达到加入各个组织的最低条件，或者是农民工对于加入上述组织的事件，在思想态度方面，不积极参与加入，并认为此事和自己没有关系。

（六）婚姻状况

农民工的婚姻状况分为在婚和其他两种，在婚是目前有配偶，包括有结婚证的配偶，也包括没有结婚证但事实上以配偶方式生活在一起的配偶，即事实婚姻的配偶，并赋值为 1；其他表示的是未婚、同居、离婚、丧偶等婚姻状态，赋值为 0。经统计，在农民工样本中，在婚农民工人数有 3083 人，其所占比例是 81.45%；其他婚姻状况的农民工有 702 人，其所占比例是 18.55%。可以看出，在婚的农民工人数明显多于其他婚姻状态的农民工人数，从数量关系上看，在婚的农民工人数是其他婚姻状态的农民工人数的近 4.39 倍，说明外出务工的农民工多数是已婚人士。可能由于家庭因素的影响，农民工人群婚后需要找到较高收入的工作用来维持家庭生计，所以选择外出务工的方式。

（七）地区分布

地区分为东部、中部和西部，其中东部地区包括北京市、天津市、河北省、辽宁省、上海市、江苏省、浙江省、福建省、山东省和广东省，共 10 个省市，赋值为 1；中部地区包括山西省、吉林省、黑龙江省、安徽省、江西省、河南省、湖北省、湖南省和广西壮族自治区，共 9 个省及自治区，赋值为 2；西部地区包括重庆市、四川省、贵州省、云南省、陕西省和甘肃省，共 6 个省市，赋值为 3。经统计，在农民工样本中，来自东部地区的农民工有 2104 人，占样本总量的 55.59%；来自中部地区的农民工有 1094 人，占样本总量的 28.90%；来自西部地区的农民工有 587 人，占样本总量的 15.51%。可以看出，在被调查访问的人中，有超过一半的农民工来自东部地区。

（八）自评身体健康状况

农民工的自评身体健康分为健康、不健康两类，身体健康的农民工赋值为 1，身体不健康的农民工赋值为 0。经过统计，在农民工样本中，认为自己身体是健康的有 3567 人，所占比例是 94.24%；认为自己身体是不健康的有 218 人，所占比例是 5.76%。可以看出，绝大多数的农民工认为自己的身体状况是能够达到健康的水平的，体现出大部分农民工的身体素质是比较不错的。

（九）认知能力

根据 CFPS2010 成人问卷中的认知与身体能力测量部分，在衡量认知能力时通常使用词组得分和数学运算得分两部分加总求和，得到的总分数即为认知能力的得分。在 CFPS2010 成人问卷原始数据中，词组有 34 题，数学运算有 24 题，答对一题得 1 分，答错一题得 0 分，最高分为 58 分，最低分为 0 分。在本章农民工的样本中，农民工认知能力平均得分为 33.2 分。

（十）职业

利用 CFPS2010 成人问卷中的问题，农民工的职业包括国家机关党群组织、企事业单位负责人、专业人员与技术人员、办事人员和有关人员、服务人员、农林牧渔水利业生产人员和生产运输设备操作及有关人员，并把这些职业分别赋值为 1~6。经过统计，在农民工样本中，属于国家机关党群组织、企事业单位负责人职业类别的有 250 人，占比农民工样本总量的 6.61%；属于专业人员与技术人员职业类别的有 244 人，占比农民工样本总量的 6.44%；属于办事人员和有关人员职业类别的有 221 人，占比农民工样本总量的 5.84%；属于服务人员职业类别的有 1021 人，占比农民工样本总量的 26.97%；属于农林牧渔水利业生产人员职业类别的有 140 人，占比农民工样本总量的 3.70%；属于生产运输设备操作及有关人员职业类别的有 1909 人，占比农民工样本总量的 50.44%。通过农民工的职业可以看出，属于生产运输设备操作及有关人员的职业占据了近一半的农民工，该职业的农民工是从事在生产流水线的一线工人，有熟练的工作技能，能够操作工作中的机器设备，即使在不熟练的情况下，通过工友的帮助和自身的学习能力，也能够驾驭该职业的工作内容。通过比较数据，不难发现，属于农林牧渔水利业生产人员职业的农民工最少，可能的原因是农林牧渔业属于第一产业，农民工不喜欢停留在第一产业工作，而更偏向于选择其他产业的工作。

（十一）职业分类

通过对已有文献的阅读，并参照章莉、李实等人对职业分类的方法，把职业分为三类，分别是白领、蓝领和服务业，并分别赋值为1、2和3。其中白领包括国家机关党群组织、企事业单位负责人、专业人员与技术人员，以及办事人员和有关人员；蓝领包括农林牧渔水利业生产人员和生产运输设备操作及有关人员；服务业包括服务人员。通过对数据的整理和分类，在农民工样本中，白领职业有715人，占总体样本的18.89%；蓝领职业有2049人，占总体样本的54.14%；服务业有1021人，占总体样本的26.97%。可以看出，超过一半的农民工选择蓝领的职业，蓝领职业的农民工通常有着丰富的经验，只要掌握一门技术，就能成为该种技术的工人。

（十二）个人收入

通过对数据的统计整理发现，在农民工个人收入中，收入最少的农民工是1元，最多的是10万元，农民工的个人收入存在明显差距。对农民工个人收入进行分段并统计，其中个人收入在1万元以下（含1万元）的农民工有1487人，其所占比例是39.29%；收入在1万至2万元的农民工有1361人，其所占比例是35.95%；2至3万元（含3万元）的农民工有544人，其所占比例是14.38%；收入在3至4万元的农民工有175人，其所占比例是4.62%；个人收入在4至5万元（含5万元）的农民工有92人，其所占比例是3.33%；个人收入在5万元以上的农民工有126人，其所占比例是2.43%。可以看出，个人收入在1万元以下和2万元以内的农民工占据了绝大多数，收入在 1 万至 2 万元的农民工是收入在 2 至 3 万元的农民工的 2.5 倍多，体现出农民工个人收入不高。比较农民工收入在 1 万元以下和收入在 5 万元以上的农民工人数，二者形成了鲜明对比，充分地体现了农民工个人收入差距较大。

第五节 农民工非认知能力对收入影响的实证分析

本节使用普通最小二乘回归模型对农民工非认知能力与收入之间的影响关系进行实证分析，使用处理效应模型解决样本的"选择性偏误"问题，以及关注二者之间存在的作用机制，最后对实证结果进行稳健性检验。

一、模型构建

（一）对数线性回归模型

普通最小二乘估计（OLS）就是寻找参数 β_1、β_2……的估计值，使公式的离差平方和 Q 极小。公式中每个平方项的权数相同，是普通最小二乘回归参数估计方法。在误差项等方差不相关的条件下，普通最小二乘估计是回归参数的最小方差的线性无偏估计。

$$Q(\beta_0, \beta_1, \cdots\cdots, \beta_p) = \Sigma_{i=1}^{n}(y_1 - \beta_0 - \beta_1 x_{i1} - \cdots\cdots - \beta_p x_{ip})^2$$

（5 - 1）

本章研究的是农民工非认知能力对收入的影响，其中个人收入为解释变量，非认知能力为被解释变量。拟用回归模型以明瑟（1974）工资决定方程为基础，同时加入非认知能力的相应变量，除此之外，模型中还包括其他可能影响工资方程的一系列重要控制变量：

$$\text{lnincome}_i = \alpha\beta \times \text{noncognitive}_i + \Sigma_{n=1}^{N} \gamma_n x_{in} + \varepsilon_i \quad (5-2)$$

其中，lnincome_i 表示第 i 个农民工个人收入的对数形式，α 表示常数项，

noncognitive$_i$ 表示本章"大五"人格的五个人格特质及其总指标——非认知能力，β 表示其系数，$\sum_{n=1}^{N}\gamma_n x_{in}$ 表示一系列影响工资方程的重要控制变量，N 表示控制变量的个数，包括年龄、性别、民族、受教育情况、婚姻、认知能力等控制变量，ε_i 表示随机扰动项。

(二) 处理效应模型

使用对数线性回归模型的普通最小二乘估计（OLS），不能有效剔除样本的"选择性偏误"问题对于"大五"人格特征影响的效果，从而难以得出"大五"人格特征对农民工收入的因果效应。为了解决样本"选择性偏误"问题，并且考虑到本章所使用的截面数据的缺点，以及寻找"大五"人格特征工具变量的困难，本章采用极大拟然估计的处理效应模型（Treatment effect model），选取以非认知能力为例，对农民工收入的因果效应进行分析。

具体的做法是，本章根据全部农民工样本非认知能力的均值，生成一个高非认知能力（noncog-high）变量，该变量是大于全部样本的非认知能力均值，本章假设农民工是否属于高非认知能力将服从一定的选择规则，但是在实际生活中，无法直接观测，需要定义一个中间变量，通过一个选择方程来获取。

二、变量定义及选择

本章研究农民工非认知能力对收入的影响，结合 CFPS2010 成人数据中包含的变量信息，被解释变量为收入对数，解释变量为"大五"人格（严谨性、外向性、顺同性、开放性、神经质）及其总指标——非认知能力。为了更好地证明回归结果，考虑到农民工的个体特征差异、家庭情况不同、地区特征差距等因素对收入存在的影响，模型中加入一系列控制变量，即年龄、性别、民族、受教育情况、是否组织成员、婚姻状况、地区、是否健康、认知能力、职业。所有相关变量的定义、赋值及选择如表 5.6 所示。

表 5.6 模型中变量的定义及选择

变量	定义及赋值	样本量	均值	标准差
被解释变量				
收入对数	单位：元	3785	9.20	1.80
解释变量				
严谨性	从低到高，赋值 1~5	3785	3.12	0.48
外向性	从低到高，赋值 1~5	3785	3.86	0.65
顺同性	从低到高，赋值 1~5	2706	3.31	0.47
开放性	从低到高，赋值 1~5	3785	2.58	0.78
神经质	从低到高，赋值 1~5	3785	1.40	0.51
非认知能力	从低到高，赋值 1~5	2706	11.47	1.73
控制变量				
年龄		3785	36.41	10.69
性别	男=1，女=0	3785	0.64	0.48
民族	汉族=1，少数民族=0	3785	0.95	0.21
受教育情况	高中及以上学历=1，初中及以下学历=0	3785	0.22	0.41
是否组织成员	组织成员=1，非组织成员=0	3785	0.26	0.44
婚姻状况	在婚=1，其他=0	3785	0.81	0.39
地区	东部=1，中部=2，西部=3	3785	1.60	0.74
是否健康	1=健康=1，不健康=0	3785	0.94	0.23
认知能力		3785	33.20	12.27
职业	国家机关党群组织、企事业单位负责人=1，专业人员与技术人员=2，办事人员和有关人员=3，服务人员=4，农林牧渔水利业生产人员=5，生产运输设备操作及有关人员=6	3785	4.66	1.59
职业分类	白领=1，蓝领=2，服务业=3	3785	2.08	0.67

数据来源：CFPS 2010 成人数据库。注：在婚表示目前有配偶，包括有结婚证的配偶，也包括没有结婚证但事实上以配偶方式生活在一起的配偶，即事实婚姻。

（一）"大五"人格

"大五"人格包括五种人格特质，分别是严谨性、外向性、顺同性、开放性、神经质，每个人格特质的得分均是 1~5。经统计得出，农民工的严谨性、外向性、顺同性三个维度的均值都高于 3 分，说明农民工在这三个维度中的情况都是比较乐观的，体现了农民工的性格是认真负责、性格外向的，能够与他人沟通与合作，并表现出热情主动的积极态度；开放性的均值比前三个维度略低，对于农民工而言，可能的原因是陈旧的思想观念抑制了本身的思维创造性，长期的生活环境使得他们的交友范围都是和自己相差无几的，致使他们在接受新鲜事物时，缺乏少有的好奇心；在神经质方面，均值为 1.40，标准差是 0.51，说明农民工情绪稳定，神经敏感程度较弱，对事物表现出沉着冷静的应对态度。借鉴李涛和张文韬于 2015 年发表的文章，农民工的严谨性、外向性、顺同性、开放性是正向的，神经质是负向的，正向人格特质能够促进收入的增加，负向人格特质会减少收入。

（二）非认知能力

非认知能力是将"大五"人格的五个人格特质进行加总求和，形成一个总指标，即非认知能力 = 严谨性 + 外向性 + 顺同性 + 开放性 + 神经质。通过对数据的处理，非认知能力的均值是 11.47，在 2706 位农民工当中，非认知能力的最大值是 16.5，最小值是 5.03。比较数据得知，农民工非认知能力的水平还是比较可观的。参考并借鉴乐君杰和胡博文于 2017 年发表在《中国人口科学》中的文章，非认知能力的强弱会影响农民工的收入，收入会随着非认知能力的增强而增加，反之，收入会减少。

（三）年龄

通过对数据统计得知，农民工的年龄均值是 36.41，标准差是 10.69，说明农民工的平均年龄在 36 岁左右，大多数属于中青年农民工。参考李涛和张文韬的文献，文献中证实了年龄对收入存在影响，随着农民工年龄的逐渐增长,自身的体力和精力会随之下降,身体的健康状况也会逐年每况愈下,进而影响农民工的工作质量和工作效率,影响的直接结果是收入的减少。

(四) 性别

通过对数据统计得知,性别变量的均值是 0.64,标准差是 0.48,说明在农民工队伍中,男性农民工的比例要大于女性农民工。米勒(Mueller)和普拉格(Plug)于 2006 年的研究结果表明,性别对收入存在影响。男性农民工更能获得较好的收入,可能的原因是男性农民工的力量会大于女性农民工,许多工作适合男性而不适合女性,因工作需要,用人方会偏向于雇佣男性农民工。

(五) 民族

通过对数据统计得知,在民族变量中,均值是 0.95,标准差是 0.21,说明了在农民工群体中,绝大多数是汉族农民工。汉族农民工比少数民族农民工更加容易找到工作,获得较高收入,可能的原因是少数民族的语言交流、风俗习惯、文化底蕴等方面不同于汉族,因此限制了其工作机会,从而影响其收入。

(六) 受教育程度

通过对数据统计得知,在受教育情况变量中,均值是 0.22,标准差是 0.41,说明农民工的受教育情况为低学历,大多数人没有完成国家九年义务教育。郑加梅和石卿松于 2016 年的研究认为非认知能力对教育、工资收入存在影响。受教育情况能够影响农民工收入,农民工的受教育情况较低,不能达到用人方对学历的要求,并且寻找工作的范围会受到相应制约,进而农民工的收入会比较低。

(七) 是否组织成员

通过对数据统计得知,在是否组织成员变量中,均值是 0.26,标准差是

0.44，说明农民工中有较少的人加入了某一组织，例如中国共产党等，大多数的农民工是没有加入到任何一个组织的。参考李涛和张文韬于2015年发表的文章中的使用方法，是否是组织成员会影响农民工收入，在工作单位中，如果是组织成员的情况下，工资会有所增加，会比非组织成员的农民工收入多一些。

（八）婚姻状况

通过对数据统计得知，在婚姻状况变量中，均值是0.81，标准差是0.39，说明农民工中在婚的人数比较多。借鉴李涛和张文韬在文中的使用情况，农民工的婚姻状态是在婚，其家庭生活状态稳定，农民工会有更多的时间和精力去外面找工作并努力工作，农民工的收入则会增加，以便让家人拥有更好的生活。

（九）地区

通过对数据统计得知，在地区变量中，均值是1.60，标准差是0.74，说明了大多数的农民工来自东部地区和中部地区，西部农民工较少。乐君杰和胡博文的研究结果显示，地区间的差异对收入存在影响，由于我国地区之间差异较大，相比较而言，东部地区和中部地区要强于西部地区，则东部地区和中部地区的农民工收入就较高。西部地区的农民工由于教育文化的培养不足，导致学历低，进而收入也随之降低。

（十）是否健康

通过对数据统计得知，在是否健康变量中，均值是0.94，标准差是0.23，说明了多数农民工认为自己的身体是健康的。参考李涛和张文韬的文章中的健康状况，农民工的身体健康良好，拥有矫健的体魄，工作中有强劲的体力，能够促进其收入的增加。

（十一）认知能力

能力通常包括两类，一类是认知能力，另一类是非认知能力，认知能力作为重要变量进行控制,控制其影响程度。认知能力是通过字词能力得分和数学运算能力得分加总求和得到的,满分是 58 分,按照百分制计算方法,及格分数是 34.8 分。通过对数据的统计得知,在认知能力变量中,均值是 33.20,标准差是 12.27,说明农民工的认知能力是低于及格分数的。黄国英和谢宇的实证结果表明,认知能力对工资收入有显著正向影响。这意味着农民工的认知能力越强,受教育程度越高,其收入可能也越高。

(十二) 职业

借鉴章莉、李实等人把职业分成六类,通过对数据统计得知,均值是 4.66,标准差是 1.59,说明农民工的职业类型多数是服务人员。不同职业的农民工会有不同的收入,其中可能的原因是与工作内容及其性质有关。

(十三) 职业选择

通过对数据统计得知,在职业选择变量中,均值是 2.08,标准差是 0.67,说明农民工多数处在蓝领阶层。每种职业都有农民工群体,每种职业的职责和义务也不尽相同,对于农民工收入而言,白领职业的收入高于蓝领职业的收入、高于服务业的收入。所以,农民工选择不同的职业,会带来不同的收入。

三、回归结果分析

(一) 对数线性回归结果分析

利用 CFPS 2010 成人数据库中的农民工样本,使用 Stata13 软件对模型 (5-1) 进行 OLS 回归。

在未控制职业的条件下,严谨性对农民工收入对数有显著的正向影响,即农民工收入对数会随着严谨性的提高而增加,严谨性每增加 1 分,收入将会增加 19.7%;神经质对农民工收入对数有显著的负向影响,说明神经质显著降低了农民工收入对数，神经质每增加 1 分，收入将会减少 15.4%，其他三个人格特质对收入对数没有显著影响，即外向性、顺同性和开放性对农民工收入不存在影响。

观察"大五"人格的总指标（即非认知能力）对农民工收入对数的回归结果，非认知能力是以一个整体的指标进入回归当中，同样在未控制职业的条件下，非认知能力对农民工收入对数有显著的正向影响，即随着非认知能力的提高，农民工收入对数将会增加，非认知能力得分每增加 1 分，农民工收入会增加 4.5%。

进而，在上一回归中加入职业作为固定效应，严谨性依然对农民工收入对数有显著的正向影响，说明严谨性提高 1 分，收入将会增加 17.1%。而神经质变得不再显著，这说明职业能够影响农民工收入。非认知能力对农民工收入对数有显著的正向影响，非认知能力提高 1 分，农民工的收入会增加 3.8%。

最后，在以职业为固定效应的情况下，严谨性对农民工收入对数有显著的正向影响，严谨性增加 1 分，收入将会增加 14.4%；神经质对农民工收入对数有显著的负向影响，神经质提高 1 分，收入将会减少 10.9%，在回归系数上有不同的影响程度。其他三个维度的人格特质对农民工收入不存在影响。

（二）处理效应模型回归结果分析

利用 CFPS 2010 成人数据库中的农民工样本，使用 Stata13 软件对模型（5-2）进行处理效应回归。

由于不能充分剔除样本"选择性偏误"问题对参数估计的潜在干扰，对数线性回归模型的估计结果仅仅对农民工"大五"人格及其总指标（即非认知能力）与收入的相关关系进行了实证分析，并没有从大样本、稳健的角度就农民工"大五"人格及其总指标（即非认知能力）对收入的因果关系进行有效测度。考虑到非认知能力可能存在内生性问题，并且找到工具变量的困难性，参照程虹和李唐于 2017 年的文章中的解决方法，使用处理效应模型解决上述问题，选择农民工非认知能力对收入对数的因果效应进行分析。

根据全部农民工样本非认知能力得分的均值，将农民工样本分为高非认知能力（noncog_high=1）和低非认知能力（noncog_high=0）两组。其中，对于高非认知能力的农民工而言，其非认知能力大于等于全部农民工样本非认知能力得分的均值；对于低非认知能力的农民工而言，其非认知能力小于农民工样本非认知能力得分的均值。高非认知能力在进入选择方程后，将得到预测值，然后把预测值代入回归方程，得到回归结果。

回归结果显示，在选择方程中，控制主要变量与未控制主要变量相比，非认知能力均值将由0.507增加到0.579，二者都是在1%的水平上显著，使得在回归方程中，高非认知能力对农民工收入对数的影响由0.287增加到0.401，二者都是在10%的水平上显著，说明了非认知能力提高1分，农民工收入将会增加11.4%，表明了高非认知能力对于农民工收入对数的处理效应均在至少10%水平上正向显著。在充分考虑到农民工个体系统性差异的"选择性偏误"问题后，高非认知能力组下的农民工收入仍然普遍较高，由此可见，农民工非认知能力对于收入具有正向的显著因果效应。

四、稳健性检验

根据上文中农民工非认知能力对收入对数影响的分析，严谨性对农民工收入对数存在显著的正向影响，神经质对农民工收入存在显著的负向影响。考虑到非认知能力对不同分位点的收入存在异质性，本章使用分位数回归方法，分析不同分位点的农民工非认知能力对收入对数的影响，其模型设定如下：

$$lnincome^i = \beta_0(\theta) + \beta_1(\theta) \times noncognitive_i + \sum_{n=1}^{N} \gamma_n x_{in} + \varepsilon_i \quad (5-3)$$

其中，$lnincome_i$表示第i个农民工个人收入的对数形式，$\beta_0(\theta)$表示常数项，$noncognitive_i$表示"大五"人格的五个人格特质及其总指标——非认知能力，$\beta_1(\theta)$表示其系数，$\sum_{n=1}^{N}\gamma_n x_{in}$表示一系列影响工资方程的重要控制变量,包括年龄、性别、民族、受教育情况、婚姻、认知能力等控制变量,ε_i 表示随机扰动项。$\beta_i(\theta)$ 表示 θ 分位数时对应的参数($i\in[0, n]$),由于在不同分位点时,误差项的影响随 θ 的改变而发生变化,上述模型中的参数也会发生改变。

在考虑到非认知能力对农民工收入对数影响的异质性,本章采用分位数回归分析方法,该方法的好处是可以细致、清晰地看到在不同的分位点上,"大五"人格的五个人格特质及其总指标(即非认知能力)对农民工收入对数的影响。本章选取第 10 个、第 25 个、第 50 个、第 75 个、第 90 个分位点,检验农民工非认知能力对收入对数在这五个分位点上的影响程度。结果如表 5.9 所示,估计结果表明,严谨性人格特质在第 25 个分位点时,对收入对数有正向的显著影响,严谨性每提高 1 分,农民工收入将会增加 11.1%;当严谨性在第 50 个、第 75 个、第 90 个分位点时,对收入对数都有正向的显著影响,严谨性每增加 1 分,分别会增加 12.6%、18.1% 和 23.2% 的收入。

表5.9 农民工非认知能力对收入影响的估计结果(分位数回归)

	被解释变量(收入对数)分位点				
	0.10	0.25	0.50	0.75	0.90
严谨性	0.153 (0.120)	0.111* (0.062)	0.126*** (0.039)	0.181*** (0.038)	0.232*** (0.051)
外向型	0.032 (0.083)	-0.002 (0.046)	-0.022 (0.033)	-0.033 (0.037)	-0.061 (0.044)
顺同性	-0.008 (0.107)	-0.042 (0.063)	0.002 (0.045)	0.020 (0.043)	0.029 (0.057)
开放性	-0.067 (0.068)	0.003 (0.030)	-0.016 (0.021)	0.003 (0.022)	0.040 (0.030)
神经质	-0.209 (0.130)	-0.047 (0.053)	-0.076** (0.030)	-0.062* (0.033)	-0.108** (0.050)

续表

	被解释变量（收入对数）分位点				
	0.10	0.25	0.50	0.75	0.90
非认知能力	0.046** (0.022)	0.019 (0.012)	0.021** (0.009)	0.027** (0.012)	0.055*** (0.016)
职业虚拟变量	YES	YES	YES	YES	YES
常数项	5.893*** (0.643)	7.582*** (0.352)	8.552*** (0.212)	8.906*** (0.221)	9.365*** (0.357)
观测值	2,706	2,706	2,706	2,706	2,706

数据来源：CFPS 2010 成人数据库。括号内为稳健标准差；*、**、***分别表示在10%、5%、1%水平上显著；控制变量包括：年龄、性别、民族、是否高学历、是否组织成员、是否在婚、是否东部地区、是否中部地区、是否健康、认知能力。职业虚拟变量包括国家机关党群组织、企事业单位负责人、专业人员与技术人员、办事人员和有关人员、服务人员、农林牧渔水利业生产人员、生产运输设备操作及有关人员。

神经质在第50个分位点时，负向显著影响农民工收入对数，神经质每提高1分就会减少7.6%的收入；在第75个分位点时，同样负向显著，收入会减少6.2%；在第90个分位点时，神经质负向影响收入对数，神经质得分每提高1分，将会降低10.8%的农民工收入。

非认知能力同上文一致，以"大五"人格的总指标进入回归结果，当在第10个分位点时，非认知能力正向影响农民工收入对数，非认知能力得分每增加1分就会增加4.6%的收入；当在第50个、第75个、第90个分位点时，非认知能力显著正向影响收入对数，非认知能力每提高1分，收入将会分别增加2.1%、2.7%和5.5%。

结果显示，严谨性人格特质会增加农民工的收入对数，神经质人格特质会减少农民工收入对数，非认知能力的提高有助于增加农民工的收入对数。不同的人格特质会不同程度地影响收入对数，并且随着人格特质的提高，会带来不同的收入对数变化，说明回归结果具有良好的稳健性。

第六节　农民工非认知能力对收入影响的作用机制

为了证实农民工非认知能力对收入影响的作用机制,从职业选择角度分析非认知能力对收入的影响。借鉴郑加梅和石卿松的研究结果,以及阳义南、连玉君的研究结果表明,非认知能力对职业选择存在影响,职业选择对收入存在影响,因此本章引入职业选择作为中间变量,进而分析非认知能力对收入的间接影响。

一、非认知能力对职业选择回归结果分析

使用多元选择模型(Multinomial Logit Model)实证分析农民工非认知能力对收入对数影响的作用机制。利用CFPS2010成人数据库中农民工样本,使用Stata13软件对职业选择进行Mlogit回归。[①] 根据章莉、李实等人对职业的分类,本章选择白领作为参照组,观察"大五"人格及其总指标(即非认知能力)对职业选择影响的回归结果发现,严谨性人格特质对选择蓝领职业的农民工有显著的负向影响,严谨性每提高1分就会减少50.8%选择蓝领职业的农民工;顺同性人格特质对选择蓝领职业的农民工存在显著的负向影响,顺同性每提高1分则会减少36.6%选择蓝领职业的农民工。严谨性人格特质对选择服务业的农民工有显著的负向影响,严谨性每提高1分的农民工会减少26.1%选择服务业的农民工。

观察非认知能力对职业选择的影响结果发现,非认知能力是以一个整体的指标进入回归当中,非认知能力对选择蓝领职业和服务业的农民工有负向的显著影响,非认知能力每增加1分,则会减少13.5%选择蓝领职业的农民工,以及9.9%选择服务业的农民工。

[①] 控制变量包括:年龄、性别、民族、是否高学历、是否组织成员、是否在婚、是否东部地区、是否中部地区、是否健康、认知能力。

对于严谨性人格特质而言，白领职业高于蓝领职业高于服务业，白领职业的工作通常会要求工作者有较强的沟通能力与团结合作精神，白领职业的工作者在工作时要一丝不苟、做事缜密，因此农民工在做职业选择时，会考虑自身的人力资本情况，会较少选择白领职业，而选择蓝领职业和服务业。如果农民工的严谨性人格特质提高，人力资本将会得到提高，那么农民工在选择职业时，会优先考虑选择白领职业，而非蓝领职业或者服务业。

顺同性人格特质代表的是与他人合作的意愿性，是与他人相处时关系的和谐程度等。对于顺同性而言，在这三种职业选择当中，白领职业经常是团队合作，蓝领职业是依据每个人的特长组建的技术小组，而服务业是以个体行动为单位的。所以，白领职业高于蓝领职业高于服务业。当顺同性得分提高时，农民工首先会倾向选择白领职业，其次是另外两种职业。

非认知能力是将"大五"人格的五个人格特质加总求和得到的，非认知能力的得分增加，人力资本将会得到提升，因而农民工会偏爱选择白领职业。所以，非认知能力会决定人力资本的提高。

二、职业选择对农民工收入回归结果分析

本节将使用普通最小二乘估计（OLS）实证分析职业选择对农民工收入对数影响的作用机制。根据章莉、李实等人的文章把职业分成白领、蓝领和服务业三种类型。本章分别对这三种类型的农民工分析"大五"人格及其总指标（即非认知能力）对收入对数的影响。"大五"人格中的严谨性人格特质对农民工收入对数有显著的正向影响，选择白领职业，农民工需要有严谨的做事态度，考虑事情要周全，行动上要有条不紊，这样能够影响收入的变化，通过回归结果得知，严谨性每提高1分就会增加34.4%的收入。

"大五"人格中的严谨性和外向性对农民工收入对数有影响，严谨性对农民工收入对数有正向的影响，外向性对农民工收入对数有负向的影响。蓝领职业的工作主要是有着丰富的工作经验、掌握一门技术要领、在生产一线工作的技术人员，这些有着技术的农民工要有认真负责的态度，工作时要审

慎处理每一个环节，这样才可以不出现纰漏，从而能够促进收入的增加。由于蓝领职业的工作性质，需要在一个安静的环境内工作，要专心致志，不能够分心分神，这会容易使蓝领职业的农民工变得冷漠寡言，形成内向的性格，因此外向性人格特质会负向影响农民工收入对数。通过对数据的回归，严谨性每增加1分，则会提高29.2%的收入；外向性每增加1分，则会减少12.7%的收入。比较数据得知，严谨性对于蓝领职业的农民工收入影响的程度会更大。

"大五"人格中的神经质人格特质对农民工收入对数有显著的负向影响，在服务业工作的农民工，经常与人打交道，一些言语或者动作，能够使服务业农民工的压力变大，长时间被压力包围，容易产生抑郁、焦躁的情绪，会出现精神紧张、神经敏感等状况，因而会严重影响农民工的收入。从回归结果得知，神经质的得分每增加1分，则会减少46.7%的收入。

"大五"人格的总指标（即非认知能力）对从事白领职业、蓝领职业和服务业的农民工收入对数的影响结果，"非认知能力是将"大五"人格的五个人格特质加总求和得出的。从事白领职业、蓝领职业和服务业的农民工，"大五"人格的总指标（即非认知能力）对农民工收入对数的影响结果不显著，其中的原因可能是由于其他四个人格特质会整体影响较为显著的人格特质，使得人格特质得分的变化对收入的贡献不如单一维度的影响程度，例如，严谨性和神经质，从而导致非认知能力这一变量的不显著。"

第七节　结论与政策建议

一、结论

本章通过分析"大五"人格及其总指标——非认知能力对农民工收入的影响关系。首先，本章使用CFPS2010成人数据库，筛选农民工样本，参考已有文献对"大五"人格和非认知能力的研究,在成人数据库中找到衡量"大五"人格和非认知能力的相关问题,进行指标测度;其次,应用普通最小二乘方法回归分析农民工非认知能力对收入的影响;再次,使用处理效应模型解决样本"选择性偏误"问题,并利用分位数回归方法对结果进行稳健性检验;最后,运用多元选择模型,从职业选择角度分析农民工非认知能力对收入的作用机制。得到以下几点结论:

第一,在农民工样本中,"大五"人格和非认知能力对农民工收入存在不同的影响程度,即严谨性人格特质对收入有正向促进作用,神经质人格特质对收入有负向促退作用,非认知能力对农民工收入存在显著的正向促进作用。

第二,在农民工进入劳动力市场时,首先会进行职业选择,即选择哪种职业进行谋生,本章通过参照白领职业,分析农民工"大五"人格及其总指标——非认知能力对职业选择的影响,发现与白领职业的农民工相比,提高严谨性和顺同性两种人格特质,会减少农民工选择蓝领职业;提高严谨性人格特质,会减少农民工选择服务业。在比较非认知能力的情况时,提高农民工的非认知能力,会减少农民工选择蓝领职业和服务业。

第三,在农民工进行职业选择后,每种职业对收入的影响也会不尽相同。在白领和蓝领两大职业中,"大五"人格中的严谨性人格特质对收入影响起到明显的作用,其影响程度是白领职业稍大于蓝领职业;在服务业当中,"大五"人格中的神经质人格特质负向影响农民工收入,其影响程度接近一半。

由此可见,人格特质以及非认知能力能够影响农民工职业选择,进而影响农民工收入,不论职业性质和工作内容,非认知能力可以广泛影响各个方面。

二、政策建议

当下是一个经济快速发展、技术创新发达、合作日益密切、工作强度高效的新时代,传统人力资本已不再适应新时代的发展,在强调个人能力的社会中,能力不再定义为认知能力,还包括非认知能力,认知能力不是成为获得工作的必要条件,而非认知能力正在逐渐变成一个衡量人的重要指标。本章的结论参考国外该领域的文献,在非认知能力日益重要的情况下,从以下三个方面提出政策建议。

(一)家庭方面

农民工在成长到孩童阶段时,受到家庭环境因素的影响是重要的,当农民工组建自己的小家庭时,会把自己感受到的家庭环境氛围传递给下一代,孩子的健康成长,离不开家庭的教育与关怀,父母的言传身教是最好的教学。已有研究能够证明,孩子成长到三岁是开始形成非认知能力最好的时期,成长到十岁时趋于稳定,多数维度的人格特质是在日常生活中培养与锻炼的,父母有责任和义务为孩子创造温馨的家庭氛围,家长不仅要关心孩子的温饱问题,还要关心其行为、精神的培养,了解孩子内心深处的想法,遵循孩子心理发展规律。

家庭教育是培养孩子性格形成的关键。父母要传递一些"正能量"的事情,给孩子留下对这个陌生世界的美好印象,要给予孩子更多的"爱",父母要以身作则,树立良好的模范榜样,要做到诚实守信、言行一致,做一个有责任、有担当的人,培养孩子善良、自信的性格品质。如果给孩子留下的印象是贪婪自私、阳奉阴违、欺善怕恶、违法乱纪等,这种印象是难以磨灭的,会给孩子的心灵造成创伤。因此,家庭教育是有必要的,并且要重视家庭教育在今后的生活中起到的积极作用,让孩子懂得感恩父母,让孩子生活在阳光普照下的环境中。

父母的和谐相处程度、对教育的重视程度和参加社交活动的行为等很重要,因为孩子通过对父母的观察和模仿会潜移默化影响自身的行为举止,形成自身的非认知能力意识,这些活动都能够影响孩子今后的成长。培养孩子做事的专注度,培养孩子的自信心与自律,培养孩子与他人合作的意识与沟通理解能力，要积极鼓励孩子的做法，欣赏孩子，让孩子获得肯定；当孩子做错某一件事情时，不要一味地指责和批评，要逐渐引导并告知其正确的做法，以及做错的原因，这些良好的品质（严谨性、顺同性等非认知能力）都是在家庭氛围中教育出来的。由此可见，家庭的熏陶能够影响孩子今后的发展，家庭教育在孩子成长过程中起到重要的作用。

（二）学校方面

农民工在从孩童时期成长到学生时期时，一定要接受正规的学校教育，当农民工受到良好的教育后，会使自己提升一个更高的境界。农民工的受教育程度虽低，但是农民工依然有接受学校教育的时期，学校要把人格教育纳入教学体系当中。学校和老师要改变原来的传统教学观念，不能一味灌输认知能力的培养，要逐渐培养学生的非认知能力，把人格教育纳入教学体系当中，从教学模式引导和逐步建立非认知能力体系，重视非认知能力在生活和学习过程中起到的积极作用。思想观念的改变，不是放弃对某一方面的教育，而是让认知能力和非认知能力二者同时进入学生的日常，使学生全方位的成长。长此以往，让学生成为一名兼备有知识、有能力的优秀人才，使其在当下如此竞争激烈的环境中，能够脱颖而出。

在应试教育的大背景下，学校会较少投入非认知能力教育，但是通过对已有文献的阅读和发现，对学生非认知能力的培养会影响其今后的成长与发展，这要引起学生对非认知能力的重视，在课程设置、实践活动等方面要有足够的吸引力，让学生积极参与学校组织的活动。用劳逸结合的模式，让学生真正体会到辛苦的付出是值得的，也会换来自由玩耍的时间，良性循环的结果会使学生积极地响应学校的号召，改变以往学生对学校产生的抵触情绪。

当农民工进入学生时代时，至少会接受6~9年的学校教育，认知能力的体现会超过非认知能力的影响程度，这同样也是非认知能力的渗透与形成过程。在学习中，能够轻松地与老师和同学进行交流、能够完美地与同学团结合作完成一项任务、能够容易地与同学在讨论中出现新颖的想法，这些在日常生活中看似微不足道的小事情，其实是在形成自身的非认知能力，比如外向性、顺同性和开放性等。其实，学校是一个小型的社会，能够融入学校的氛围，与班上的同学建立良好的友谊，与老师建立师生之情，这些都是能力提升的表现。培养好自己的能力（包括认知能力和非认知能力），为进入真正的社会打下坚实的基础。

（三）社会方面

农民工进入劳动力市场，社会要以包容的姿态接受农民工群体，让农民工受到社会同等的待遇，充分发挥农民工自身的优势，打造全新的社会环境，为新时代的社会贡献微薄力量。具体而言，社会上要提供更多的就业岗位，虽然农民工的受教育程度低，未达到用人单位的要求，但是可以给农民工提供一些技术培训与指导，要经常召开交流会议，把有经验、有能力的农民工掌握的技术分享给其他人，让更多的人成为技术高手、技术能手，搭建技术平台，分享感受领悟，让更多的人提高人力资本水平，获得更多的就业机会，增加农民工的收入。

农民工遍布在各个职业领域，在社会保障方面，应该与城市工一样，用人单位应该为农民工参保，比如医疗保险、工伤保险等。既然城市工作者享有保险的福利待遇，那么农民工也应该享有同样的待遇，不能因为户籍制度的限制，差别对待农民工，让农民工游离在城市的边缘。

在舆论导向方面，农民工一直受到社会的歧视，归因于农民工的社会资本较低，这样会加大农民工的心理压力，导致农民工患有抑郁症、焦虑症等精神疾病。针对这样的问题，社会应该成立便民心理咨询中心，及时有效地为农民工提供心理咨询服务，缓解因工作等原因造成的压力，引导农民工积极面对生活，适当发泄内心的压抑情绪，有助于提高自身的心理素质及身体素质。

农民工不仅有抑郁、焦虑情绪，还有自卑的心理。其中的原因在于，农民工融入城市较为困难，他们会认为自己是城市的异类。社会应该让农民工感受到关怀，消除他们的自卑心理，改变对农民工的传统看法，上他们认为自己是这个城市中不可或缺的一部分，增加农民工的自信，宣传有利于农民工发展的事情，让农民工融入城市，获得城市归属感，为这个美丽的社会贡献自己的力量。

第六章 农民工非技能型人力资本对收入的影响：以抑郁情绪为例

第一节 绪 论

一、研究内容

本研究使用 CFPS 2012 数据，选取农民工为研究对象，统计描述农民工的基本特征，了解农民工的社会人口学特征、人力资本特征、地理特征等情况，利用流调中心抑郁量表（CES-D 量表）对抑郁度进行测度，分析抑郁度对农民工收入是否存在影响。具体而言，拟回答下列问题：①研究农民工的基本特征，了解农民工的基本现状。②测度农民工的抑郁度，研究农民工的抑郁程度，了解农民工抑郁度的分布情况。③研究抑郁度对农民工收入是否有显著影响。④研究抑郁度影响农民工收入的作用机制。

二、研究目的

农民工群体是我国抑郁症的高发人群，且近年来有关农民工自杀、犯罪的新闻报道屡见不鲜。因此，本章将着重分析农民工抑郁症状对其工资影响的程度及其作用机制。本章认为抑郁对工资收入影响的作用机制表现为以下三种情况。首先,抑郁度越严重的个人,可能具有更多的负面情绪——焦虑和不安的表现等,这些负面情绪可能会降低个人对工作的积极性和主动性,进而对生产率产生负面影响;其次,患有抑郁症的农民工,可能会产生自虐或者自杀的行为,其身体健康状况令人担忧;最后,患有抑郁症的农民工也可能会因不能很好地融入工作环境等原因而频繁更换工作。

三、相关概念

(一) 工资收入

农民工在外务工,多从事受雇工作取得工资收入。据国家统计局发布的最新一期农民工受雇数据的《2015年农民工监测调查报告》显示,受雇方式就业的农民工占比83.4%,自营就业的农民工占比仅为16.6%,因此本章选取工资收入作为分析的关键变量。

(二) 身体健康水平

对于身体健康水平的测度,学者们采用了多种方法,但利用自评健康进行测度的方法得到学界的最广泛应用。例如,陈小蓉等人使用自评健康量表、BMI(身体健康指数)、握力和肺活量等来衡量农民工身体健康水平。王彤等人主要使用自评健康进行测度。刘生龙与郎晓娟通过使用自评健康和被访者对自身身体健康的客观评价(即过去6个月是否有疾病得到确诊,如果有取值为1,反之取值为0)这两方面进行测度。

本章借鉴以往身体健康水平测度的方法,使用四大类身体健康指标来测量农民工的身体健康水平。包括"自评健康(不健康=1;一般=2;比较健康=3;很健康=4;非常健康=5)""过去六个月是否患过由医生诊断的慢性病(是=1;否=0)""过去一年是否住过院(是=1;否=0)"和"您觉得您的身体健康状况和一年前比起来如何(更差=1;没有变化=2;更好=3)"。

（三）工作稳定性

对于工作稳定性的概念，学界还没有统一的标准，但是围绕其测度则有较多方法。例如张艳华与沈琴琴在测度农民工工作稳定性时采用工作转换频数、工作任期与劳动合同期限 3 个指标。孟凡强与吴江研究工作稳定性包括主动离职、被动离职和其他离职。石智雷与朱明宝在研究农民工工作稳定性时考虑了就业区域稳定性与就业工作稳定性两个方面。而周闯将雇主是否提供一年期及以上劳动合同作为工作稳定性的划分。本章将采用"两期调查期间是否有过工作转换"和"工作持续时间"两个变量来衡量农民工工作的稳定性。若 2014 年调查时农民工不再从事 2012 年的主要工作，则认为有过工作转换，否则认为没有。"工作持续时间"指 2012 年调查时农民工所从事的那份工作的持续时间。

（四）人力资本

本章中人力资本主要包括生产效率、身体健康水平、人力资本再投资三方面。

四、理论基础

（一）新人力资本理论

1. 人力资本理论的形成和发展

20 世纪 60 年代，美国经济学家舒尔茨（Theodore W. Schultz）和贝克尔（Gary Stanley Becker）等提出了现代人力资本理论。该理论将资本分为物质资本和人力资本，物质资本包括工厂、设备、机械、原材料等，而人力资本的形成来自于对人力的投资，包括对劳动者进行教育、培训等支出，具体表现为蕴含在人身上的知识、管理与工作技能以及身体健康素质的集合。20 世纪 80 年代以后，学者们开始将人力资本因素加入经济增长模型，试图用定量的方法验证人力资本因素对收入的影响程度,具有代表性的学者有罗默、卢卡斯和乌扎华等人。其中罗默将知识分为一般性知识和专用性知识,即一般性人力资本和专用性人力资本,一般性知识对任何工作都有可促进效益的产生,专用性知识只对特定类型工作创造价值。人力资本思想和理论发展至此,西方学者普遍认为教育是人力资本的核心,甚至当作代理变量来使用,此时的人力资本理论——"能力"这一维度仅仅指向认知能力,经济学家们对人力资本的认识也局限在认知能力范围内。

2. 新人力资本理论的形成和发展

20世纪末期,西方经济学家和心理学者不断对"能力"的内涵进一步深入挖掘,将"能力"扩展为包括认知能力和非认知能力,新的人力资本概念得以提出。非认知能力是指那些与计算、阅读或背诵等认知能力不同,却可以用个性特征进行衡量、不属于认知能力范畴的那部分能力。非认知能力提出以后,测度方法的选择是学界一大争议难题,但近年来"大五"人格量表的使用越来越广泛,非认知能力与个人收入的研究成果也如春笋般涌现。

非认知能力的提出,解释了由传统人力资本理论在收入决定模型中不能解释的一些问题,国内外学者开始就人格特质为代表的非认知能力展开研究。例如,研究者们发现自尊、自控力两项人格特征在劳动力市场上可以得到正向的收入回报。林德奎斯特和韦斯特曼使用瑞典征兵的数据来评估认知能力和非认知能力在工资回报上的重要程度,发现非认知能力低下的男性,收入水平也相对较低。谢弗和史威伯特利用德国社会经济小组(the German Socioeconomic Panel,SOEP)数据探讨性格特征对工资收入的影响,发现严谨性(conscientiousness)和情绪稳定性(emotional stability)方面存在差异的劳动力,其工资收入差距会随着时间的推移而扩大,相比之下,外向性(extraversion)存在差异的劳动力的工资差距随着时间的推移而缩小。弗林等人(2019)使用澳大利亚家庭收入和劳动力动态(HILDA)数据研究发现,性格特征是家庭议价能力和工资水平的重要决定因素。李晓曼等人利用教育部2015年全国中等职业教育毕业生就业质量调查数据,使用多元回归模型,发现在中低技能群体中,以能力为核心的新人力资本具有较高的回报率，其中严谨性（conscientiousness）的回报率最为突出。

（二）劳动力市场分割理论

20世纪60年代，人力资本的提出引发了人力资本投资的繁荣，然而这并没有解决当时美国劳动力市场的贫困问题，收入不平等、歧视、教育失效等问题依然相当严重。这些现象引发了人们对人力资本理论的反思，特别是新制度经济学的兴起，强调制度和政府管制因素对劳动力报酬和就业的影响，促使劳动力市场分割理论逐步形成。

劳动力市场分割理论主要有三大学派：工作竞争理论、激进分割理论和二元劳动力市场分割理论。其中，二元劳动力市场分割理论最具影响力。该理论认为劳动力市场存在一级和二级劳动力市场的分割。一级劳动力市场收入高、工作条件好、工作比较稳定、培训机会多、晋升机制好。而二级劳动力市场收入低、工作条件差、工作不稳定、培训机会少、缺乏晋升机制。对于一级劳动力市场的劳动力而言，人力资本投资有效。也就是说，教育和培训可以增加他们的收入，而对于二级劳动力市场的劳动力，接受培训和教育对于提高其收入几乎没有作用。而且，两个劳动力市场之间的劳动力缺乏流动性。

第二节　数据来源及描述性分析

本章对文中所使用的数据及来源进行了比较详细的介绍，目的是了解本章所用数据的来源情况、农民工基本特征等分布情况。本章主要包括数据来源、农民工抑郁度的测定及分布、农民工样本的基本特征分布情况和收入分布情况、农民工抑郁度及个人特征的相关性分析。其中，样本基本现状描述主要介绍了被调查对象的基本情况，包括性别、年龄、受教育程度、婚姻、民族、是否组织成员、区域分布、收入分布等；抑郁分布情况主要介绍农民工的整体抑郁情况及在不同基本特征下农民工的抑郁分布情况。

<<< 第六章　农民工非技能型人力资本对收入的影响：以抑郁情绪为例

一、数据来源

本章所使用的是北京大学中国社会科学调查中心和美国密歇根大学调查研究中心等机构合作完成的中国家庭追踪调查（China Family Panel Studies，CFPS）2012年和2014年的数据。本章关注的是农民工抑郁程度和收入问题，因此经过了对无效数据的删除和有效数据的整理统计（户籍为农村，且年内在本乡镇以外从业6个月以上的外出农民工和在本乡镇内从事非农产业6个月以上的本地农民工）。

二、抑郁度测定及分布

（一）抑郁度的测度

本章主要采用CES-D量表对农民工的抑郁度进行测定，研究者发现，有两种方法可以生成抑郁变量。第一种方法是因子分析。最初，拉德洛夫（Radloff）根据量表使用因子分析得到了四个因素：躯体症状（somatic symptoms）、抑郁情绪（depressed affect）、积极情绪（positive affect）和人际问题（interpersonal problems）。但也有学者认为CES-D量表包含了三个因素，如瓜纳西亚（Guarnaccia）等人与延（Yen）等人。第二种方法是使用CES-D量表得分的直接加总作为抑郁变量。对于0~3评分的CES-D量表而言，其总分为60分，研究者通常使用16分作为分界点，更加细致的分界点有：17分为可能存在抑郁情况，23分为很可能存在抑郁情况，28分为严重抑郁。

（二）抑郁度的分布情况

经统计整理的结果显示，在农民工样本中，不存在抑郁情况的农民工人数为3380人，其占农民工样本量的75.48%；存在抑郁情况的农民工人数为1098人，其占农民工样本量的24.52%。其中，可能存在抑郁情况的农民工人数为721人，其占农民工样本量的16.10%；很可能存在抑郁情况的农民工人数为233人，其占农民工样本量的5.20%；严重抑郁的农民工人数为144人，其占农民工样本量的3.22%。可以看出在农民工样本中，超过半数的人不存在抑郁情况，说明大部分农民工的心理健康状态还是比较良好的，但是也有部分农民工存在严重的抑郁状态。

三、农民工抑郁度与个体特征的相关分析

（一）不同基本特征下的抑郁分布情况

1. 性别

通过对不同性别农民工的抑郁度进行分析比较，结果显示，在男性农民工中，有78.23%的人不存在抑郁，有14.49%的人可能存在抑郁，有4.59%的人很可能存在抑郁，有2.69%的人严重抑郁；在女性农民工中，有69.84%的人不存在抑郁，有1.40%的人可能存在抑郁，有6.47%的人很可能存在抑郁，有4.29%的人严重抑郁。可以看出女性农民工存在抑郁的比例要大于男性农民工，且女性农民工严重抑郁的比例要高于男性农民工。可能的原因是女性农民工所能从事的行业或工作有限，或者女性农民工要比男性农民工考虑的事情要多，压力较大。

2. 年龄

通过对不同年龄阶段农民工的抑郁度进行分析比较，结果显示，在青年农民工中，不存在抑郁的农民工比例为76.47%，可能存在抑郁的农民工比例为15.99%，很可能存在抑郁的农民工比例为5.05%，严重抑郁的农民工比例为2.49%；在中年农民工中，不存在抑郁的农民工比例为74.70%，可能存在抑郁的农民工比例为15.98%，很可能存在抑郁的农民工比例为4.96%，严重抑郁的农民工比例为4.36%；在老年前期农民工中，不存在抑郁的农民工比例为69.79%，可能存在抑郁的农民工比例为17.89%，很可能

存在抑郁的农民工比例为 7.62%，严重抑郁的农民工比例为 4.70%；在老年农民工中，有 92.86% 的人不存在抑郁情况，仅有 7.14% 的人存在抑郁情况，是可能存在抑郁，抑郁程度较轻。可以看出，说明在青年、中年、老年前期三个阶段中，老年前期农民工的精神状态最差，不存在抑郁的比例最低，严重抑郁的比例最高。而在老年期，农民工精神状况比较良好，不存在抑郁的比例最大。可能的原因是农民工在青年时期，比较有冲劲，能克服较大压力；在中年时期，农民工已经学会成熟稳重，能更好地处理事情，克服压力的能力也比较好，在老年前期，农民工身体素质开始下降，一时不能接受一些结果；在老年时期，农民工已经可以调整好自身的状态，更好地面对生活。

3. 婚姻状况

通过对不同婚姻状况农民工的抑郁度进行分析比较，结果显示，在婚农民工中，不存在抑郁情况的农民工比例为 75.92%，可能存在抑郁情况的农民工比例为 16.24%，很可能存在抑郁情况的农民工比例为 4.71%，严重抑郁的农民工比例为 3.13%；在单身农民工中，不存在抑郁情况的农民工比例为 73.82%，可能存在抑郁情况的农民工比例为 15.56%，很可能存在抑郁情况的农民工比例为 7.08%，严重抑郁的农民工比例为 3.54%。说明不同婚姻状况下，单身农民工存在抑郁情况的可能性较大，单身农民工比在婚农民工多出 2.1% 的风险可能会患有抑郁。原因可能是单身农民工要考虑结婚，需要寻找收入更高的工作，挣更多的工资为结婚做准备，因此所要承受的压力要更大一些。

4. 民族

通过对不同民族农民工的抑郁度进行分析比较，结果显示，在汉族农民工中，不存在抑郁的农民工人数为 1243 人，可能存在抑郁情况的农民工人数为 296 人，很可能存在抑郁情况的农民工人数为 80 人，严重抑郁的农民工人数为 52 人，他们所占的比例分别为 74.39%、17.71%、4.79%、3.11%。在其他民族农民工中，不存在抑郁情况的农民工人数为 2137 人，可能存在抑郁情况的农民工人数为 425 人，很可能存在抑郁情况的农民工人数为 153 人，严重抑郁的农民工人数为 92 人，他们所占的比例分别为 76.13%、15.14%、5.45%、3.28%。可以看出不同民族存在抑郁情况的比例均小于 30%，其他民族农民工不存在抑郁情况的比例稍高，但是其他民族农民工很可能存在抑郁情况和严重抑郁情况的比例要大于汉族农民工。

5. 是否为组织成员

通过对不同组织状况下农民工的抑郁度进行分析比较，结果显示，当农民工属于组织成员时，不存在抑郁的农民工人数为 522 人，可能存在抑郁的农民工人数为 94 人，很可能存在抑郁的农民工人数为 30 人，严重抑郁的农民工人数为 13 人，他们所占的比例分别为 79.21%、14.27%、4.55%、1.97%。当农民工不属于任何组织成员时，不存在抑郁的农民工人数为 2858 人，可能存在抑郁的农民工人数为 627 人，很可能存在抑郁的农民工人数为 203 人，严重抑郁的农民工人数为 131 人，他们所占的比例分别为 74.84%、16.41%、5.32%、3.43%。可以看出属于组织成员的农民工不存在抑郁的比例要高于不属于组织成员农民工的比例，即不属于组织成员农民工的存在抑郁的比率较大。可能的原因是属于组织成员的农民工有一定的归属感，且在组织中更容易获得信息，可以和更多的人进行交流，存在抑郁的情况就会降低。

6. 地区分布

通过对不同地区农民工的抑郁度进行分析比较，结果显示，在东部地区农民工中，不存在抑郁情况的农民工比例为 77.03%，可能存在抑郁情况的农民工比例为 15.40%，很可能存在抑郁情况的比例为 4.72%，严重抑郁的农民工比例为 2.85%；在中部地区农民工中，不存在抑郁情况、可能存在抑郁情况、很可能存在抑郁情况、严重抑郁的农民工比例分别为 78.60%、14.13%、4.56%、2.71%；在西部地区农民工中，不存在抑郁、可能存在抑郁、很可能存在抑郁、严重抑郁的农民工比例分别为 68.02%、20.29%、7.05%、4.64%。可以发现在西部地区存在抑郁程度所占比例较大，抑郁程度的可能性要大一些，可能是由于地域差异的不同，西部地区资源较匮乏等因素。

7. 受教育测度

通过对不同受教育程度农民工的抑郁度进行分析比较，结果显示，在受教育程度为高学历的农民工中，不存在抑郁情况的农民工人数为2571人，可能存在抑郁情况的农民工人数为579人，很可能存在抑郁情况的农民工人数为199人，严重抑郁的农民工人数为131人，他们所占的比例分别为73.88%、16.64%、5.72%、3.76%；在受教育程度为低学历的农民工中，不存在抑郁情况的农民工人数为809人，可能存在抑郁情况的农民工人数为142人，很可能存在抑郁情况的农民工人数为34人，严重抑郁的农民工人数为13人，他们所占的比例分别为81.06%、14.23%、3.41%、1.30%。结果发现低学历农民工不存在抑郁情况的比例要大于高学历农民工，且低学历农民工抑郁情况比例均低于高学历农民工，说明低学历农民工抑郁程度要较低一些，可能的原因是低学历农民工所能寻找的工作范围有限，且工作内容比较简单，没有太大压力。

8. 非学历培训次数

通过对不同非学历培训次数的农民工抑郁度进行分析比较，结果显示，在未参加过非学历培训的农民工中，不存在抑郁的农民工人数为322人，可能存在抑郁的农民工人数为49人，很可能存在抑郁的农民工人数为21人，严重抑郁的农民工人数为4人，他们所占的比例分别为81.31%、12.37%、5.31%、3.43%；在参加过非学历培训的农民工中，不存在抑郁的农民工人数为3058人，可能存在抑郁的农民工人数为672人，很可能存在抑郁的农民工人数为212人，严重抑郁的农民工人数为140人，他们所占的比例分别为74.91%、16.46%、5.19%、3.44%。可以看出，农民工参加过非学历培训后，其存在抑郁的状况的比例要低于未参加过非学历培训农民工的比例。可能的原因是参加过培训的农民工更容易找到工作，且与同行之间有更多的交流话题，减弱了农民工的压力，从而抑郁度就较低。

(二) 不同抑郁测度的收入分布情况

通过对不同抑郁程度的农民工收入分布情况进行分析比较，结果显示，在不存在抑郁情况的农民工中，1万元以下收入的农民工人数为584人，1万~2万元以下收入的农民工人数为1000人，2万~3万元以下收入的农民工人数为790人，4万元及以上收入的农民工人数为503人，他们所占的比例分别为17.28%、29.59%、23.37%、14.88%、14.88%。在可能存在抑郁情况的农民工中，1万元以下收入的农民工人数为183人，1万~2万元以下收入的农民工人数为217人，2万~3万元以下收入的农民工人数为153人，3万~4万元以下收入的农民工人数为74人，4万元及以上收入的农民工人数为94人，他们所占的比例分别为25.38%、30.10%、21.22%、10.26%、13.04%。在很可能存在抑郁情况的农民工中，1万元以下收入的农民工人数为70人，1万~2万元以下收入的农民工人数为69人，2万~3万元以下收入的农民工人数为44人，3万~4万元以下收入的农民工人数为29人，4万元及以上收入的农民工人数为21人，他们所占的比例分别30.04%、29.61%、18.88%、12.45%、8.81%。在严重抑郁的农民工中，1万元以下收入的农民工人数为53人，1万~2万元以下收入的农民工人数为43人，2万~3万元以下收入的农民工人数为24人，3万元及以上收入的农民工人数为24人，他们所占的比例分别为36.81%、29.86%、16.67%、16.67%。

从以上可以看出，随着农民工抑郁程度的不断加深，其收入所占的比例大多都是越来越小，且在严重抑郁的情况下，农民工的收入比例大多均属于最小。可能的原因是抑郁度越严重，农民工的身体健康越差，使得农民工收入越低；或者抑郁度越严重，农民工的生产效率越低，则其收入越低；或者抑郁度越严重，农民工的工作转换次数越多，可能会减少农民工的收入。

(三) 不同抑郁程度的人力资本分布情况

1. 小时工资

通过对不同抑郁程度的农民工小时工资分布情况进行分析比较，结果显示，在不存在抑郁情况的农民工中，小时工资为10元及以下的人数为96人，小时工资为10~50元的人数为750人，小时工资为50~100元的人数为1045人，小时工资为100元以上的人数为1489人，他们所占的比例分别为2.84%、22.19%、30.92%、44.05%。在可能存在抑郁情况的农民工中，小时工资为10元及以下的人数为43人，小时工资为10~50元的人数为211人，小时工资为50~100元的人数为211人，小时工资为100元以上的人数为256人，他们所占的比例分别为5.96%、29.26%、29.26%、35.51%。在很可能存在抑郁情况的农民工中，小时工资为10元及以下的人数有11人，小时工资为10~50元的人数有78人，小时工资为50~100元的人数有69人，小时工资为100元以上的人数有75人，他们所占的比例分别为4.72%、33.48%、29.61%、32.19%。在严重抑郁的农民工中，小时工资为10元及以下的人数有13人，小时工资为10~50元的人数有53人，小时工资为50~100元的人数为36人，小时工资为100元以上的有42人，他们所占的比例分别为9.03%、36.81%、25%、29.17%。

从以上数据可以看出，在不存在抑郁和可能存在抑郁的农民工样本中，其小时工资越高，农民工样本量所占比例越大；在很可能存在抑郁情况和严重抑郁的农民工样本中，其小时工资人数比例在10~50元这个层级最大；且在50元及以下小时工资中，农民工抑郁程度越严重，小时工资所占的样本比例越大，在50元以上小时工资中，农民工抑郁程度越严重，小时工资所占的样本比例越小。

2. 身体情况

通过对不同抑郁程度的农民工身体健康分布情况进行分析比较，结果显示，在不存在抑郁的农民工中，身体非常健康的农民工人数为514人，身体很健康的农民工人数为924人，身体比较健康的农民工人数为1197人，身体一般的农民工人数为548人，身体不健康的农民工人数为197人，他们所占的比例分别为15.21%、27.34%、35.41%、16.21%、5.83%。在可能存在抑郁的农民工中，身体非常健康的农民工人数为51人，身体很健康的农民工人数为117人，身体比较健康的农民工人数为300人，身体一般的农民工人数为149人，身体不健康的农民工人数为104人，他们所占的比例分别为7.07%、16.23%、41.61%、20.67%、14.41%。在很可能存在抑郁情况的农民工中，身体非常健康的农民工人数为19人，身体很健康的农民工人数为24人，身体比较健康的农民工人数为89人，身体一般的农民工人数为52人，身体不健康的农民工人数为49人，他们所占的比例分别为8.15%、10.30%、38.20%、22.31%、21.30%。在严重抑郁的农民工中，身体非常健康的农民工人数为7人，身体很健康的农民工人数为15人，身体比较健康的农民工人数为32人，身体一般的农民工人数为27人，身体不健康的农民工人数为63人，他们所占的比例分别为4.86%、10.42%、22.22%、18.75%、43.75%。

从以上数据可以看出，在身体非常健康、很健康、比较健康的农民工中，其抑郁程度越严重，农民工样本比例越小；在身体一般、不健康的农民工，其抑郁程度越严重，农民工样本比例越大。

3. 工作转换次数

通过对不同抑郁程度的农民工身体健康分布情况进行分析比较，结果显示，在不存在抑郁的农民工中，没有转换过工作的农民工人数为2632人，转换过一次工作的农民工人数为224人，转换过两次工作的农民工人数为25人，转换过三次工作的农民工人数为4人，不存在转换过四次工作的农民工，他们所占的比例分别为91.23%、7.76%、0.87%、0.14%、0%。在可能存在抑郁的农民工中，没有转换过工作的农民工人数为609人，转换过一次工作的人数为48人，转换过两次工作的人数为6人，不存在转换过三次或四次工作的农民工，他们所占的比例分别为91.86%、7.24%、0.90%、0%、0%。在很可能存在抑郁的农民工中，没有转换过工作的农民工人数为179人，转换过一次工作的农民工人数为22人，转换过两次工作的农民工人数为5人，转换过三次或四次工作的农民工均有1人，他们所占的比例分别为86.06%、10.58%、2.40%、0.48%、0.48%。在严重抑郁的农民工中，没有转换过工作的农民工人数为125人，转换过一次工作的农民工人数为7人，转换过两次或三次工作的农民工人数均为1人，不存在转换过四次工作的农民工，他们所占的比例分别为93.28%、5.22%、0.75%、0.75%、0%。可以看出多数农民工未转换过工作，具有一定的工作稳定性；在不同的工作转换次数中，很可能存在抑郁的农民工所占的比例最大。

第四节 抑郁度对农民工收入短期影响的实证分析

为进一步分析抑郁度对农民工收入的影响，本节将使用最小二乘回归模型对抑郁度和收入之间的关系进行实证分析，并特别关注两者之间可能存在的作用机制，最后对实证结果进行稳健性检验。

一、变量定义及统计描述

本章研究抑郁度对农民工收入的影响。结合CFPS 2012数据中所提供的信息，被解释变量选取农民工工资收入对数，解释变量选取农民工的抑郁度。为了更好地证明回归结果，考虑到农民工的个体特征、家庭特征、地区特征等对收入存在影响，在模型中加入控制变量（非学历培训次数、性别、年龄、婚姻、教育、民族、地区、是否组织成员等变量）。相关变量的定义、赋值及统计描述如下表6.1所示。

表6.1 模型中变量的定义及统计描述

变量	定义及赋值	样本量	均值	标准差
被解释变量				
收入	4478	23454.67	22870	1
解释变量				

续表

变量	定义及赋值	样本量	均值	标准差
抑郁度	1=不存在抑郁； 2=可能存在抑郁； 3=很可能存在抑郁； 4=严重抑郁	4478	1.36	0.73
控制变量				
非学历培训次数		4478	0.16	0.74
性别	1=男；0=女	4478	0.67	0.47
年龄		4478	40.32	12.41
受教育情况	1=高学历；0=低学历	4478	0.22	0.42
婚姻状况	1=在婚；0=其他	4478	0.79	0.41
是否组织成员	1=组织成员；0=非组织成员	4478	0.15	0.35
民族	1=汉族；0=其他	4478	0.37	0.48
地区	1=东部；2=中部；3=西部	4478	1.80	0.79

数据来源：CFPS 2012。

（一）抑郁度

文中将抑郁度划分为四类，分别为不存在抑郁情况、可能存在抑郁情况、很可能存在抑郁情况和严重抑郁，并按照其严重程度分别赋值为1、2、3、4。经统计，农民工抑郁度均值为1.36，标准差为0.73，说明农民工的抑郁度整体状况比较良好，介于不存在抑郁情况和可能存在抑郁情况之间。本章认为农民工的抑郁度的产生与增强，可能会产生一些负面的情绪，会降低农民工的工作效率和生产率，或影响到农民工的身体健康状况，或促使农民工频繁更换工作，从而降低农民工的工资收入。

（二）非学历培训次数

农民工的非学历培训次数均值为0.16，标准差为0.74，可以看出农民工非学历培训次数较少，整体平均非学历培训次数少于1次，说明多数农民工未参与过非学历培训。本章认为农民工非学历培训次数越多，农民工可能会获得更多的知识与更丰富的经验，从而获得更多的工作机会与更好的工作，提高农民工的工资。

（三）性别

本章将男性农民工赋值为1，女性农民工赋值为0。农民工性别变量均值为0.67，标准差为0.47，说明农民工中男性比例大于女性比例。本章认为男性农民工比女性农民工更易获得更好的工资收入，可能的原因是男性农民工的体力要好于女性农民工，更多工作比较适合男性而非女性，且很多工作单位倾向于招收男性劳动力。

（四）年龄

农民工的年龄均值为40.32，标准差为12.41，说明农民工整体年龄平均为40岁左右，多数农民工为青年农民工。本章认为农民工的年龄越高，其体力和身体健康状况可能越不好，影响到农民工的工作效率及工作质量，从而降低农民工的收入。

（五）受教育程度

本章将农民工受教育程度分为高学历与低学历两种情况。高学历即为完成高中及以上学业，赋值为1；低学历即为未完成高中及以下学业，赋值为0。经统计，在受教育情况变量中，其均值为0.22，标准差为0.42，说明农民工的受教育程度多为低学历，多数人未完成高中及以下学业。本章认为农民工的受教育程度越低，可能寻找的工作范围越受到制约，农民工的工资收入可能就越低。

（六）婚姻状况

本章将农民工的婚姻状况分为在婚与其他两种情况。在婚即为目前处于已婚且未离婚状态,赋值为 1;其他即为离婚或未婚等单身状态,赋值为 0。经统计,农民工婚姻状况的均值为 0.79,标准差为 0.41,说明农民工中处于已婚且未离婚状态的人数较多。本章认为农民工若处于在婚状态,其家庭基本生活得到保障,家人得到照顾,则农民工就会有更好的状态与更多的动力外出务工并积极工作,那么农民工的工资收入可能就越高。

(七) 民族

本章将民族分为汉族和其他两种,其中汉族赋值为 1,其他包含除汉族外的所有民族,赋值为 0。在民族变量中,其均值为 0.37,标准差为 0.48,说明在农民工中多数为非汉族农民工。本章认为汉族农民工比非汉族农民工更易获得更好的工资收入,可能的原因是不同民族农民工所接受的文化及其风俗习惯等因素的不同,在接受另一种文化过程中需要适应阶段,可能会影响到农民工的工资收入。

(八) 地区

本章将地区分为东部、中部和西部地区,其中东部地区赋值为 1;中部地区赋值为 2;西部地区赋值为 3。在地区变量中,其均值为 1.80,标准差为 0.79,说明多数农民工来自东部地区和中部地区。本章认为农民工地区越偏向西部地区,可能会由于文化教育资源的匮乏,导致农民工的学历偏低,从而影响农民工的工资收入。

二、回归结果分析

根据 CFPS 2012 中农民工样本数据,运用 Stata12.0 软件进行 OLS 回归分析。

通过对回归结果的分析,可以得到以下几点结论:

第一,抑郁度对农民工收入有显著的负影响。从模型结果来看,可能存在抑郁情况、很可能存在抑郁情况和严重抑郁三个变量的系数均在 1% 显著水平上为负,说明抑郁度显著降低了农民工的收入,且随着抑郁度不断加深,其系数不断减小,农民工的工资收入不断降低。

第二,性别、年龄、受教育情况、婚姻状况、民族、区域、非学历培训次数对农民工收入均有显著影响。上表中的模型结果显示,性别对农民工收入有显著正向影响,且男性比女性收入更高;年龄对农民工收入的影响通过了1%的负向显著性检验,说明随着年龄的增加,收入不断减少;受教育水平通过了1%的正向显著性检验,与低学历农民工相比,高学历农民工的收入可提高17.6%;婚姻对农民工收入具有显著正向影响,且已婚农民工比未婚农民工的收入更高;民族对农民工收入具有显著正向影响,且汉族农民工的收入高于非汉族农民工;区域对农民工收入具有显著负向影响,越靠近西部,其系数越大;非学历培训次数通过了10%的正向显著性检验,平均而言,非学历培训次数每增加1次,则农民工的收入将提高4%。

第三,是否为组织成员这一变量对农民工收入没有显著影响。通过本章的研究结果,可以看到,参加过某种组织的农民工的收入可能更好,但这种影响并不显著。说明对于农民工而言,是否为某种组织成员,并非提高他们收入的显著因素。

三、稳健性检验

根据上文中对农民工收入和抑郁情况的分析,抑郁度对农民工收入存在显著负向影响。但是较高抑郁度的农民工可能已经返乡务农,未进入劳动力市场,而留在城市的往往是心态乐观、能够快乐工作的农民工,而本章仅分析城市中农民工的抑郁度,这样可能存在样本选择问题;同时,抑郁度与农民工收入可能互为因果关系,即农民工收入越低,其可能存在抑郁情况或者抑郁情况越严重。因此,采用了郝克曼两阶段法(Heckman,1979),首先对进入劳动力市场的农民工进行了样本选择,然后通过抑郁度分析对农民工收入的影响进行了稳健性分析。

第一步,以"农民工是否进入劳动力市场"为被解释变量,用一个相应的 Probit 方程来估计：

$$P_i = \beta_1 D_i + \mu_i \qquad (6-1)$$

其中 P_i 为农民工进入劳动力市场的概率，β_1 为解释变量的系数，D_i 为解释变量，μi 为随机扰动项。模型的被解释变量为农民工是否进入劳动力市场，如果农民工进入劳动力市场，则变量设定为 1，否则为 0。模型的解释变量包括抑郁度和农民工的基本特征向量。

第二步，在 Probit 方程估计的基础上，计算出农民工进入劳动力市场的比率 λ，然后将其带入收入方程，以修正样本选择性偏差。

$$\ln income_i = \beta_0 + \beta_1 D_i + \mu_i \qquad (6-2)$$

上述公式中，$\ln income_i$ 为被解释变量，表示农民工收入取对数。D_i 为解释变量，表示抑郁变量，μ_i 为随机扰动项。

结果显示，经过两阶段回归后，不同程度的抑郁度对农民工收入的影响依然均在 1% 的显著性水平上为负，且系数随着抑郁程度的加深而不断增大，说明模型回归结果具有很好的稳健性。

第五节　抑郁度对农民工收入的短期影响及其作用机制

为证实抑郁度对农民工收入影响的作用机制，文中使用 CFPS 2012 调查数据，分别从生产效率、身体健康水平、人力资本再投资这三种渠道验证抑郁度对农民工收入的影响。

一、抑郁度与生产效率

抑郁的产生及增强，可能会降低个人的工作效率和生产效率，从而影响农民工的收入，这可能是抑郁度影响农民工收入的重要机制。因为，抑郁程度越严重的个人，可能具有更多的负面情绪。例如，焦虑和不安的表现。这些负面情绪可能会降低个人对工作的积极性和主动性，进而对生产效率产生负面影响。生产效率降低,意味着单位劳动投入所创造的经济产出减少,劳动者收入可能也会随之减少。

在本章中,对农民工生产效率变量的度量,选用农民工小时工资变量,以此来评估抑郁度对生产率的影响。以明瑟工资方程为基础,采用最小二乘法,以农民工小时工资的自然对数作为被解释变量,抑郁度变量作为解释变量,性别、年龄、教育、婚姻、民族、组织、地区和培训等变量作为控制变量,分析抑郁度到底是提高还是降低了农民工的生产效率。

通过分析抑郁度对小时工资的影响,结果显示不同程度抑郁的回归系数均在1%的显著性水平上为负,且随着抑郁程度的加深,其系数在不断减小。说明不存在抑郁状况的农民工比存在抑郁状况的农民工的小时工资要高,而且抑郁程度越严重,农民工的小时工资就会越低。其他解释变量的回归结果显示,非学历培训次数对农民工小时工资为显著正影响,农民工的小时工资随着非学历培训次数的增加而增加。此外,小时工资收入存在显著的性别差异,平均而言,男性农民工比女性农民工小时工资收入要高45%左右。受教育程度对小时工资收入有显著正向影响,高学历农民工比低学历农民工小时工资收入高28.3%左右。婚姻状况对小时工资有显著正向影响,在婚农民工比未婚农民工小时工资收入高2.4%左右。民族对小时工资有显著正向影响,汉族要比非汉族农民工小时工资收入高13.6%左右。西部地区农民工小时工资呈现显著负向增长,中部地区农民工小时工资无显著影响,可能原因是,与东部地区相比,西部地区的经济社会发展水平相对不高,在西部经济不发达的地区,其受教育水平相对较低,资源相对匮乏,当地劳动力的生产效率也相应较低。

二、抑郁度与身体健康

对农民工而言,身体健康至关重要。由于制度和政策因素,农民工工作的劳动力市场存在劳动强度大、技术含量低、工作环境差、工作待遇差、福利低劣等状况,拥有健康体魄是农民工需要依存的重要资本,是他们生存并获得收入的关键因素。不少人可能都曾有过这样的经历：当处在悲伤、抑郁状态时，会出现头疼、失眠等症状。而且很多生理疾病，从感冒到癌症等都曾在医学上被怀疑和负面情绪有关。因此，农民工身体健康程度，也可能是抑郁度影响农民工收入的一个重要机制。因为抑郁程度越高的农民工，可能存在很强的负面情绪，从而导致他们产生头痛等生理疾病，影响到身体健康状况，进一步影响到其收入情况。

在 CFPS 2012 调查中，调查者通过询问被调查对象的身体健康程度，使其对自己的身体健康状况进行自评，从而进行问卷调查。因此，本章引入有序 logit 模型，通过检验抑郁度对农民工身体健康的影响，来识别身体健康是否为抑郁度影响农民工收入的重要机制。在有序 logit 模型中，被解释变量为身体健康程度，变量赋值为：1 非常健康，2 很健康，3 比较健康，4 一般，5 不健康；解释变量为抑郁度，其他控制变量保持不变。

通过分析抑郁度对农民工身体健康的影响，结果显示不同程度抑郁情况对身体健康的影响均为 1% 的显著正向影响，且随着抑郁程度的加深，系数不断增大，身体健康状况也越来越差。其他控制变量的结果显示，性别对身体健康有着显著负向影响，且男性的身体健康程度要低于女性的。年龄对农民工身体健康有显著正向影响，随着年龄的不断增长，身体健康程度在不断减弱。非学历培训次数、受教育程度、婚姻状况、组织成员状况、民族、地区等变量对农民工身体健康状况均无显著影响。

三、抑郁度与人力资本再投资

抑郁还可能促进农民工进行工作转换，进而影响到农民工收入。但是，工作转换是理性劳动者进行成本和收益权衡后的一种劳动力市场行为，这种行为对劳动者既有利也有弊。因为抑郁度较深的农民工，可能会感觉工作压力大以至于不能承受，从而对本身工作感到不满而选择更换工作，而农民工工作的频繁更换，容易造成其收入不稳定。

在本章中，对农民工人力资本再投资变量的度量，选用农民工工作转换次数变量，以此来评估抑郁度对农民工人力资本再投资是否有影响。本章以农民工工作转换次数为被解释变量，以抑郁度为解释变量，其他控制变量保持不变，运用计数模型，进行"零膨胀泊松回归"分析。

在本章的研究中，首先使用 OLS 回归分析，然后使用泊松回归分析，最后使用"零膨胀泊松回归"分析，下表汇报了"零膨胀泊松回归"的结果。表中显示，Vuong 统计量为 2.21（比该统计量更大的概率仅为 0.0136），所以拒绝"标准泊松回归"，应使用"零膨胀泊松回归"。

回归结果显示，当农民工很可能存在抑郁时，对工作转换次数有显著的正向影响，而可能存在抑郁情况和严重抑郁对工作转换次数的影响都不显著。这可能是因为农民工在短时间的工作中，未能感受到自己存在抑郁情况，从而不曾去更换工作；或者当农民工抑郁程度非常严重时，可能直接选择离开这份工作回到农村去从事农业等。在其他控制变量中，性别对农民工工作转换次数有显著正向影响，男性会比女性多 28.5% 的概率进行工作转换。年龄对农民工工作转换次数有显著负向影响，随着年龄的增长，农民工可能会因为年龄情况或者习惯而减少工作的转换。婚姻对农民工收入有显著负向影响，在婚农民工工作转换次数低于未婚农民工，可能是因为在婚农民工会考虑到家庭情况，更希望拥有一份稳定的工作。民族对农民工收入有显著负向影响，汉族农民工的工作转换次数要低于非汉族农民工的工作转换次数，可能的原因是，非汉族农民工需要对文化有一定的适应阶段，在适应时期可能就会多次转换工作。非学历培训次数、受教育程度、组织成员状况、地区等变量对农民工工作转换次数均没有显著影响。

四、小结

本节基于 CFPS 2012 数据中农民工样本量，分析农民工抑郁度对其工资收入产生影响的作用机制。研究发现，抑郁度显著降低了农民工的工作效率，且随着抑郁程度的不断加深，其小时工资逐渐减少，生产效率逐渐降低；抑郁度显著降低了对农民工的身体健康状况的影响，抑郁程度越深，农民工的身体健康状况越差；当农民工很可能存在抑郁情况时，对工作转换次数有显著的正向影响，而可能存在抑郁情况和严重抑郁对工作转换次数的影响都不显著。具体来讲，抑郁度对农民工人力资本存在显著影响，而已有研究已证实人力资本对农民工收入存在显著影响，所以抑郁度会进一步影响农民工的工资收入。

第六节　农民工非技能型人力资本对工资收入跨期影响的实证分析

一、变量的描述性统计

农民工工资收入在2012年为21093元，平均每个月为1758元，与《2012年全国农民工监测调查报告》中的外出农民工月均收入2290元有些差距，这是因为2012年并非所有农民工全年都从事挣工资的工作，而报告只讨论了农民工的工资收入，其他性质的收入并未涉及（如自雇佣获得的收入）。2014年仍从事挣工资工作的农民工年均收入为27546元，平均到每个月为2296元，与《2014年全国农民工监测调查报告》中报告的外出农民工月均收入2864元有些差距，原因同2012年相似。

身体健康自评部分，2014年农民工身体健康状况较2012年有稍微改善（3.33 VS 2.87），2014年慢性病发病率和住院率较2012年有所上升（0.08 VS 0.10；0.05 VS 0.07），农民工自我感觉2014年身体健康状况和一年前（2013年）相比整体没有变化。有27%的农民工两期之间有过工作转换，2012年调查时从事的工作平均持续时间约20个月。农民工平均年龄为36岁，基本接近新生代农民工范畴（1980年以后出生）。男性占比70%，汉族95%，平均工作年限5年，80%以上在婚状态，23%完成了九年义务教育，75%以上的农民工2012年和2014年均在东部地区或中部地区务工。

抑郁情绪在不同个体特征农民工间分布状况：女性 VS 男性（35.95% VS 25.57%），没有完成九年义务教育 VS 已完成九年义务教育（30.39% VS 23.87%），没有配偶 VS 有配偶者（30.02% VS 24.29%），汉族 VS 非汉族（28.52% VS 33.73%），西部 VS 东部 VS 中部（36.13% VS 28.51% VS 24.35%）。因此，女性、受教育程度低、没有配偶、非汉族和中西部地区的农民工抑郁情绪更普遍。

三、研究方法的选择

本部分实证分析在采用传统的 OLS 回归模型基础上，还使用了两种匹配方法：得分倾向值匹配方法和泛精确匹配方法。

（一）得分倾向值匹配方法

研究农民工 2012 年抑郁情绪对 2014 年工资收入影响的一个直接途径是将 2012 年农民工是否具有抑郁情绪作为解释变量加入工资收入方程，并通过最小二乘法估计抑郁情绪对工资收入的影响。然而，由于农民工在 2012 年是否存在抑郁情绪具有选择性，即工资收入方程中的一些解释变量与 2012 年是否存在抑郁情绪具有相关性。例如，有研究表明，性别、受教育程度是农民工具有抑郁情绪的重要因素。故直接将 2012 年是否具有抑郁情绪变量加入收入方程通常会带来样本选择性偏差问题。另一个研究的直接途径则是用二元选择模型通过倾向值匹配方法（Propensity Score Matching，以下简称 PSM）分析 2012 年抑郁情绪对 2014 年工资收入的折价效应。

该方法的核心思想是为处理组（Treatment）找到一个反事实的对照组，使其在可能影响关键变量的其他特征相匹配的情况下，研究单一关键变量对被解释变量的影响。在本研究中，通过构建一个在性别、年龄、受教育程度、婚姻、民族、区域等特征相似，仅在 2012 年是否具有抑郁情绪上存在差异的对照组和处理组，分析农民工 2012 年抑郁情绪对 2014 年工资收入的影响（具体见第一章第二节内容）。

应用 PSM 方法需满足两个基本假设：共同支撑假设和平行假设。其中，共同支撑假设要求处理组和对照组得分倾向值在较大程度上相近，平行假设要求处理组和对照组的特征要相似，二者差异不显著。将现有文献与现有数据相结合，本研究选择性别、年龄、受教育程度、婚姻、民族、工作年限、区域作为控制变量。使用最近邻匹配、半径匹配和核匹配方法，分析农民工2012年抑郁情绪对2014年工资收入的影响，并对匹配后的样本进行了平衡性检验，结果显示通过了平衡性检验。

（二）泛精确匹配方法

为了结果的稳健性，进一步采用泛精确匹配方法（Coarsened Exact Matching，以下简称 CEM）分析农民工抑郁情绪的工资折价效应。CEM 的核心动机是当精确匹配提供了完美的平衡，而 CEM 由于维度问题通常会产生很少的精确匹配。例如，添加一个连续变量的数据集就可以使精确匹配完全失效，因为两个个体不可能在一个连续的变量上具有两个相同的观测值。CEM 的思想是首先将每个变量临时粗化成有意义的不同组别，然后精确匹配这些粗化的数据，最后只保留匹配后数据的原始（未粗化前）数值。数据的粗化为核心处理过程，因为这一步骤可以将变量粗化为保留信息的组别。例如，教育可能是用年来衡量，但也可以将其归类为不同的组别，如高中、大学、研究生等。因此 CEM 分析方法是精确匹配已粗化过的变量。

该算法的工作原理如下：从协变量 X 开始，将其复制，结果记为 X^*，再根据定义的分界点或 CEM 的自动绑定算法粗化 X^*，并为 X^* 的每一个特定的观测值创建一个层级，并将每个观察值都放在层级中，最后将这些层级分配给原始数据 X，并且删除那些所属层级中不包括处理单元和控制单元的观察值。

以上步骤一旦完成，这些分层就会成为计算处理效果的基础。CEM 也反映了匹配的内在平衡：使用更大的范围（更粗化）会使 X^* 产生更少的分层，而较少的分层会致使同一层级中包含很多不同观测数值。

值得注意的是，CEM 同时精简处置组和控制组。研究匹配后子样本的处理效应时，CEM 的这一处理过程会改变由核心变量决定的观测值的数量。然而只要变量的选择可被接受，这种改变就是合理的。

因此，处置效应估计具有稳定性的前提是满足重叠性假设，该假设要求两组别具有特征近似的匹配个体。在估计处置效应之前，使用 CEM 对全部样本进行预处理，通过删除两组别之间不平衡的个体，使筛选出的保留个体在特征变量上具有近似分布，从而增强估计效果。处理中将所有个体的每一个特征变量取值划分为互不重叠的区间，将原来的特征变量转化为分类变量，再用转化后的分类变量对个体进行精确匹配。统计量 τ_1 用来测度匹配时两组别在全部特征变量上的整体平衡，取值介于 0 和 1，取值越小，对应组别间平衡性越高。本章在使用 CEM 部分只保留匹配成功、位于共同支持区间的个体。

四、抑郁情绪对工资收入影响的估计结果分析

（一）抑郁情绪对工资收入影响的 OLS 回归模型分析

为比较 OLS 模型与 PSM、CEM 的分析结果，本章首先按照以往文献普遍采用的 OLS 线性回归模型，分析农民工抑郁情绪对工资收入的影响。回归结果显示，无论加入或不加入性别、年龄、受教育程度、婚姻状况、民族、工作年限等控制变量以及省份固定效应，2012 年农民工具有抑郁情绪对 2012 年和 2014 年工资收入均有显著负向影响。但是如前所述，由于可能存在工资决定方程中变量间的相关性问题，对回归结果造成偏误。因此，如何解决这一问题还需要更为深入细致的分析。

（二）抑郁情绪对工资收入影响的 PSM 分析

为了解决 OLS 回归分析带来的偏误，本章首先利用 PSM 方法，使用非实验方法评估干预措施的效果，将 2012 年是否具有抑郁情绪的农民工作为干预对象，把农民工分为干预组（2012 年具有抑郁情绪的农民工）和控

组(2012年不具有抑郁情绪的农民工)两组子样本。在干预组和控制组影响农民工工资收入的特征变量匹配的情况下,特征变量选择最外生的控制变量,包括性别、年龄、婚姻、教育、民族、工作年限和区域等。

在控制组和干预组较好地完成匹配之后,按照匹配方法的不同,分析农民工2012年具有抑郁情绪对2012年和2014年工资收入的平均处理效应(ATT)。2012年不具有抑郁情绪和具有抑郁情绪的农民工,在2012年和2014年两者年工资性收益相差分别约3000元和2000元,即2012年具有抑郁情绪可以使农民工在2012年和2014年年工资收入分别降低约3000元和2000元,这相当于本研究使用的样本在2014年平均一个月的工资。

(三)抑郁情绪对工资收入影响的CEM分析结果

表6.2显示了CEM匹配结果,匹配后 τ_1 值较匹配前明显下降,有效降低了两组间的异质性。在干预组(2012年具有抑郁情绪的农民工)和控制组(2012年不具有抑郁情绪的农民工)影响农民工工资收入的特征变量匹配的情况下,特征变量同样选择最外生的控制变量,包括性别、年龄、婚姻、教育、民族、工作年限和区域等,分析2012年具有抑郁情绪和2012年没有抑郁情绪的农民工在2014年工资收入的差异程度。

表6.2 CEM 匹配结果

	全部样本		未有过工作转换		有过工作转换	
	未有抑郁情绪	有抑郁情绪	未有抑郁情绪	有抑郁情绪	未有抑郁情绪	有抑郁情绪
匹配成功样本数	1044	447	752	297	210	117
未匹配成功样本数	158	37	147	36	93	34
(匹配前)→(匹配后)	0.3777→0.1309		0.3863→0.0001		0.4250→0.1828	

数据来源:CFPS(2012,2014)成人问卷对应的数据。

第七节　农民工抑郁情绪对工资收入的跨期影响及其作用机制

如前文理论部分所述，农民工具有抑郁情绪可以导致影响身体健康，降低人力资本水平，减少工作稳定性，不利专用性人力资本的积累的情况发生，进而对农民工工资收入产生不利影响，本章将主要从这两个方面详细阐述农民工抑郁情绪对工资收入影响的中间作用机制。

一、基于身体健康的中间作用机制

前文的实证分析表明，农民工在 2012 年存在抑郁情绪对 2014 年工资收入具有显著负向影响。为了解释农民工 2012 年具有抑郁情绪是如何对 2014 年工资收入产生影响的，本章首先从农民工身体健康的视角切入。这是因为已有大量研究表明抑郁情绪严重危害人们的身体健康，如增加人们患慢性病的概率，而身体健康是农民工获得收入的重要因素。

为了得到稳健性的结论，本章选取了四大类不同指标来度量农民工的身体健康水平。由于各项身体健康指标变量均为二值或多值变量，对应引入二值 Probit 模型和有序 Logit 模型。在回归分析中，为了避免由于样本个体自身固有的身体健康水平对结果造成干扰，将 2012 年农民工对应的各项身体健康指标作为控制变量加入模型。

不论采用哪种身体健康指标，相比 2014 年身体健康水平，农民工在 2012 年具有抑郁情绪都会显著降低。具体表现为自评健康变差、患慢性病的风险和住院治疗的可能性增加，并且与 2014 年调查前一年相比，自评身体健康水平也下降。这与本章的预想保持一致。

农民工在 2012 年的抑郁情绪对 2014 年身体健康水平具有负向影响已得到证实，考虑到两年的时间足够可以让部分农民工认识到其身体健康水平下降，并且采取一些医疗措施尝试进行改善，若身体健康得到恢复，则2012年的抑郁情绪将不会对2014年的收入产生负向影响。为了测试这种可能性是否存在，本章采用"2014年总医疗支出"作为尝试改善身体健康水平的代理变量，将其作为控制变量加入2014年工资收入模型中，并且同样使用OLS回归模型和PSM方法。在控制了2014年的总医疗支出以后，农民工在2012年具有抑郁情绪对2014年工资收入仍然具有显著负向影响。这很可能是因为，即使农民工在这两年期间对所患疾病进行治疗，但是由于抑郁情绪未能得到有效改善，其身体健康水平仍然低下，进而对2014年工资收入产生负向影响。

综上，在采取了多种身体健康指标，以及控制2014年医疗支出之后得出结论，农民工在2012年具有抑郁情绪对2014年身体健康水平均表现出显著不利影响，这与本章假设保持一致，与众多研究结论保持一致。

二、基于工作稳定性的中间作用机制

农民工的工作稳定性是2012年抑郁情绪对2014年工资收入产生影响的另一个作用机制。在分析抑郁情绪对农民工工作稳定性的影响时，为使结果具有稳健性，本章使用"两期调查之间是否有过工作转换"和"工作持续时间"来衡量农民工工作的稳定性，分析方法如下所示。

（一）工作转换

前文的实证分析表明，农民工在2012年存在抑郁情绪对2014年工资收入具有显著负向影响。产生这种影响的一种可能作用机制是2012年具有抑郁情绪的农民工进行了被动的职业转换（如裁员），而这种被动的职业转换可以降低他们的工资收入水平。在703个有过工作转换经历的农民工群体中，去除行业代码缺失211个的个体，76.6%进行的是行业间的转换，而行业间的工作转移对所有收入水平的农民工收入增长均可产生显著的负向影响，因为行业间的工作转换必然导致专用性人力资本的丧失，进而引起收入水平的下降。本章是以年工资收入作为收入水平的衡量指标,因此农民工被动的工作转换带来工资收入的降低,原因是由劳动产出效率降低以及找工作期间收入来源的缺失。

2012年具有抑郁情绪的农民工为484个,占样本总体的28.7%。其中有31.2%在调查两期之间有过工作转换,对应不具有抑郁情绪农民工群体中25.2%有过工作转换。如图6.1所示,两组有过工作转换的个体在5%的显著性水平上存在差异。这表明具有抑郁情绪的农民工更容易进行工作转换,呈现出工作稳定性的弱势。由于是否有过工作转换属于二元被解释变量,本章进一步使用Probit回归模型进行分析,结果与以上描述性分析保持一致。如表6.3第1列和第2列所示,无论是否加入控制变量(包括性别、年龄、受教育程度、婚姻状况、是否为汉族和区域),农民工2012年具有抑郁情绪均可以显著促进其进行工作转换。

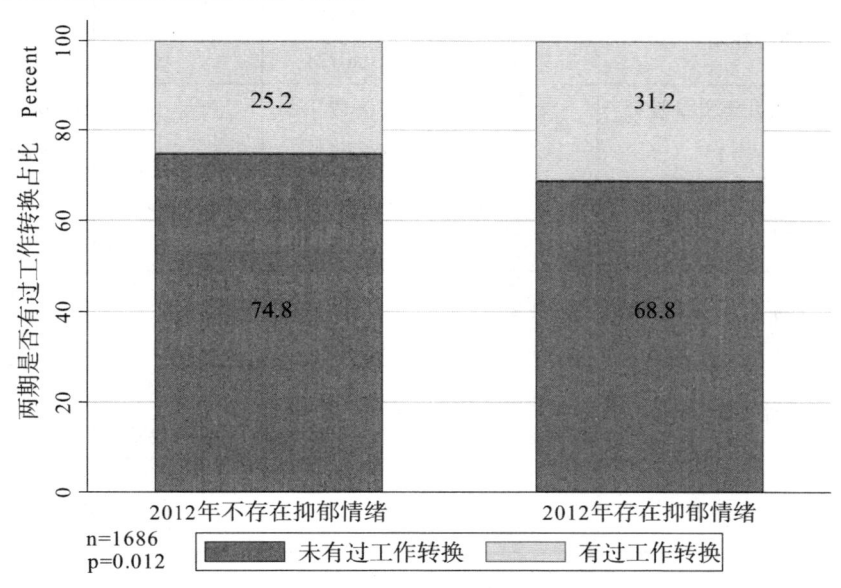

图 6.1　2012 年抑郁情绪与工作转换

表6.3 2012年抑郁情绪对工作稳定性的影响

解释变量	两年期间是否有过工作转换（是=1）Probit		工作持续时间（单位：月）[a] OLS	
	(1)	(2)	(3)	(4)
2012年是否具有抑郁情绪（是=1）	0.18** (0.071)	0.18** (0.074)	-0.95* (0.552)	-0.97* (0.554)
年龄		-0.02*** (0.004)		0.04 (0.027)
性别（男=1）		-0.05 (0.073)		0.46 (0.556)
民族（汉族=1）		0.11 (0.154)		-0.89 (1.003)
婚姻（在婚=1）		-0.10 (0.072)		0.25 (0.615)
是否完成九年义务教育（是=1）		-0.17** (0.084)		0.73 (0.606)
东部（是=1）		-0.49*** (0.086)		-0.42 (0.664)
中部（是=1）		-0.31*** (0.091)		-0.32 (0.718)
常数项	-0.67*** (0.039)	0.59** (0.241)	20.12*** (0.282)	18.79*** (1.693)
控制变量	否	是	否	是
观测值	1686	1659	919	901

数据来源：CFPS（2012，2014）成人问卷对应的数据。注：(1) *** p<0.01，** p<0.05，* p<0.1，括号内为稳健标准误；(2) 控制变量均取自CFPS 2012年数据；(3) 2012年工作持续时间指在2012年调查时有工作，并且在2014年调查时有2012年调查时工作的持续时间数据。

<<< 第六章 农民工非技能型人力资本对收入的影响：以抑郁情绪为例

（二）工作持续时间

本章使用"工作持续时间"作为另外一个衡量农民工工作稳定性的变量。这里的工作持续时间是指农民工在 2012 年调查时从事的挣工资工作的持续时间。由于农民工抑郁情绪带来的工作转换，必然会导致其在同一份工作上持续时间的缩短，由此从另一个角度阐述农民工工作转换的频繁性，而高度频繁的在行业间进行工作转换必将对工资收入产生不利影响。

研究还发现，2012 年调查时有工作，并且在 2014 年调查时，工作持续时间数据有信息的样本量为 919 个。其中 646 个农民工在 2012 年不具有抑郁情绪，工作持续时间平均为 20 个月。273 个农民工在 2012 年具有抑郁情绪，此部分样本的工作持续时间平均为 19 个月。两组样本工作持续时间在 10% 的显著性水平上存在差异，这表明农民工具有抑郁情绪可以缩短在同一份工作上的持续时间，从而进行工作转换，或者直接退出劳动力市场。因为工作持续时间是连续型变量，本章进一步采用常规的 OLS 回归模型分析 2012 年农民工的抑郁情绪对工作持续时间的影响。结果显示，无论是否加入控制变量，农民工 2012 年具有抑郁情绪都会在 10% 的显著性水平上负向影响其工作持续时间。

三、稳健性检验

根据上文对农民工工作持续时间和抑郁情绪状况的分析，农民工具有抑郁情绪可以使工作持续时间明显缩短。然而样本中工作持续时间变量的缺失达到了 45.56%，研究农民工的劳动参与率与农民工是否具有抑郁情绪有关。例如，具有抑郁情绪的农民工更倾向于退出劳动力市场或工资偏低而不愿意报告，这样就会导致样本存在选择性偏差。

为了验证样本选择性偏差是否存在，本章首先使用 Probit 模型检验工作持续时间变量的缺失是否受到抑郁情绪的影响。回归中控制了样本的个体特征和区域特征（如性别、年龄、受教育程度、婚姻状况、民族、区域等）。

结果表明，具有抑郁情绪并没有降低农民工的劳动参与。运用多元离散选择模型（mlogit）进一步考察了抑郁情绪是否影响农民工工作持续时间数据缺失的原因。在样本中，工作持续时间数据缺失的原因有以下两种情况：第一，2012年调查时没有工作，该部分样本量为182，约占样本总体的10.79%；第二，2012年调查时无工作有效数据，该部分的样本量为585，约占样本总体的34.70%。回归的参照组是有工作持续时间信息的样本。相对参照组而言，具有抑郁情绪并没有显著影响无工作、无工作持续时间有效信息的比例，联合显著性检验也表明，抑郁情绪对工作持续时间缺失的原因影响也不显著。

以上结果显示，样本并不存在选择性偏误问题。但为稳妥起见，本章仍采用郝克曼两阶段法估计选择性偏差问题。第一步，以"工作持续时间数据是否缺失"为被解释变量，Probit方程为：

$$P_i = \alpha k D_i + \mu k \qquad (6-3)$$

上述公式中，P_i 为农民工进入劳动力市场的概率，D_i 为解释变量，μ 为随机扰动项。

模型的被解释变量为农民工是否具有工作持续时间数据，如果农民工具有工作持续时间数据，则变量设定为1，否则为0。模型的解释变量包括抑郁情绪和农民工的个体特征向量。

第二步，在Probit方程估计的基础上，计算出农民工具有工作持续时间数据的比率 λ，然后将其带入模型方程，以修正样本选择性偏差。

$$\text{Work\_du} = \eta_i + \alpha k D_i + \beta X_i + \xi k \lambda_i \qquad (6-4)$$

上述公式中，被解释变量为农民工在2012年调查时所从事工作的持续时间，以月份计量。D_i 为农民工在2012年调查时是否具有抑郁情绪，X_i 为农民工的个体特征向量。

经过两阶段回归结果显示，经过两阶段回归后，农民工具有抑郁情绪对工作持续时间的影响依然在10%的显著性水平上为负，说明模型回归结果具有很好的稳健性。

综上，在分别采用了描述性分析、OLS回归、Probit模型、有序Logit模型以及郝克曼两阶段法以后得出结论:农民工在 2012 年具有抑郁情绪,可以显著降低两期间工作的稳定性,具体表现为农民工 2012 年存在抑郁情绪促使其在两期内进行工作转换,缩短工作持续时间。这与众多研究结果保持一致。

(1) 2012 年具有抑郁情绪农民工的占比为 29%,且抑郁情绪在不同个体特征和不同地理区域的农民工间分布不均匀,女性、受教育程度低、没有配偶以及在中西部地区的农民工更容易产生抑郁情绪。

(2) 农民工在 2012 年具有抑郁情绪对当期和 2014 年工资收入均具有负向影响。

(3) 农民工具有抑郁情绪会通过降低其身体健康水平,进而对工资收入产生负向影响。农民工抑郁情绪对身体健康的危害体现在,2012 年具有抑郁情绪会使 2014 年自评健康较 2012 年明显变差,2014 年农民工患慢性病的风险和住院治疗的可能性较 2012 年也显著增加,与 2014 年调查前一年相比(2013 年),自评身体健康水平也下降。并且,即使农民工试图通过采取医疗措施改善身体健康水平,但很可能因为抑郁情绪并未得到有效改善,医疗支出的增加并不能使他们的身体得到恢复,从而达到健康状态。

(4) 农民工具有抑郁情绪还会通过减弱其工作稳定性,从而对工资收入产生负向影响。描述性分析、Probit 模型和多项 Logit 模型都显示,2012 年具有抑郁情绪会引起农民工在调查两期之间进行被动的行业间转换,并且在某一特定工作上的持续时间明显短于不具有抑郁情绪的农民工群体,这种被动的工作转换引起的专用性人力资本积累的丧失使农民工工资收入水平明显下降。

第八节 结论与政策建议

一、结论

本章对农民工抑郁度和收入之间的关系进行了分析。首先，本章选取 CFPS 2012 数据中农民工样本，利用 CES-D 量表测度了农民工的抑郁度。其次，运用最小二乘回归模型分析抑郁度是否对农民工收入产生影响，并利用郝克曼两阶段法对回归结果进行文件性检验。再次，分别从工作效率、身体健康、人力资本再投资这三方面研究抑郁度影响农民工收入的作用机制。最后，得到以下几点结论：

第一，在农民工样本中，不存在抑郁情况的农民工比例为 75.48%，可能存在抑郁情况的农民工比例为 16.10%，很可能存在抑郁情况的农民工比例为 5.20%，严重抑郁的农民工比例为 3.22%。

第二，抑郁度对农民工收入有显著负向影响。其中，可能存在抑郁情况、很可能存在抑郁情况和严重抑郁三个变量系数均在 1% 的显著水平上为负，且随着抑郁程度的不断加深，其系数不断减小。在其他控制变量中，性别变量、受教育程度变量、婚姻状况变量、民族变量对农民工收入均有显著正向影响，年龄变量对农民工收入均有显著负向影响，非学历培训次数变量、组织成员状况变量、地区变量对农民工收入没有显著影响。

第三，抑郁度影响农民工收入的作用机制。抑郁度对农民工小时工资具有显著负向影响，农民工抑郁程度越高，其小时工资则越低，抑郁度显著降低了农民工的生产效率，农民工的收入也随之减少；抑郁度对农民工身体健康具有显著正向影响，农民工抑郁程度越高，其身体健康状况越差，并进一步影响到农民工的收入；抑郁度与农民工工作转换次数的关系为当农民工很可能存在抑郁情况时，对工作转换次数有显著的正向影响，而可能存在抑郁情况和严重抑郁对工作转换次数的影响都不显著。

第四，2012年具有抑郁情绪农民工的占比为29%，且抑郁情绪在不同个体特征和不同地理区域的农民工间分布不均匀，女性、受教育程度低、没有配偶以及在中西部地区的农民工更容易产生抑郁情绪。

第五，农民工在2012年具有抑郁情绪对2012年和2014年工资收入均具有负向影响。

第六，农民工具有抑郁情绪会通过降低其身体健康水平，进而对工资收入产生负向影响。农民工抑郁情绪对身体健康的危害体现在，2012年具有抑郁情绪会使2014年自评健康较2012年明显变差，2014年农民工患慢性病的风险和住院治疗的可能性较2012年也显著增加，与2014年调查前一年相比（2013年），自评身体健康水平也下降。并且，即使农民工试图通过采取医疗措施改善身体健康水平，但很可能因为抑郁情绪并未得到有效改善，医疗支出的增加并不能使他们身体健康得到恢复。

第七，农民工具有抑郁情绪还会通过减弱其工作稳定性，从而对工资收入产生负向影响。描述性分析、Probit模型和多项Logit模型都显示，2012年具有抑郁情绪会引起农民工在调查两期之间进行被动的行业间转换，并且在某一特定工作上的持续时间明显短于不具有抑郁情绪的农民工群体，这种被动的工作转换引起的专用性人力资本积累的丧失使农民工工资收入水平明显下降。

二、政策建议

根据不同性别、不同年龄阶段、不同婚姻状况、不同地区、不同民族、不同组织、不同受教育程度、不同非学历培训层次的农民工抑郁度分布情况，以及抑郁度与生产效率、身体健康、工作转换次数的关系，可以更加清晰地分析和理解农民工的抑郁度对收入的影响，并据此得到一些启示，以期对提高农民工收入起到借鉴作用。

（一）加大对农民工的关注度，防止抑郁的农民工数量增加

本章通过研究发现，有 75.48% 的农民工不存在抑郁情况，所以抑郁度在农民工中是真实存在的，而且占有不小的比例。农民工在城市从事劳累的工作，为城市的发展建设付出辛劳，不仅得不到应有的回报，也得不到城市的认可，甚至有些人还将农民工排斥在外，这难免对农民工造成影响。政府和企业应该关注农民工工作生活的各个方面，随时关注农民工情绪和心理上的变化，防止抑郁的农民工数量不断增加。

（二）降低农民工抑郁度，提高生产效率，提高收入水平

要对农民工的负面情绪给予关注，并需要对其进行有效开导，增强农民工的积极情绪，从而提高生产效率，有利于农民工收入的增加。对于企业来说，雇员能够为企业带来持久的经济效益，是非常令人满意的状态，但是员工的精神状态不能轻易忽视，心态对员工的影响至关重要。因此，企业在平时可以积极引导农民工进行心理健康咨询，缓解农民工可能出现的积郁的成疾状况，这有利于促进农民工身体健康水平的改善，从而进一步提高农民工收入。企业应多注意提高农民工的技能，给予农民工更多的学习机会，提升农民工自身的技能，从而提高生产效率，进而提高农民工收入。企业还应该在工作和生活中给予农民工更多的关心和帮助，让农民工感受到企业对其关怀和尊重，使农民工在遇到困难时有足够的勇气去面对，降低农民工的抑郁度状况。

（三）降低农民工抑郁度，改善身体健康水平，提高收入水平

农民工在城市工作中不可避免地会遇到许多困难与挑战，政府应当多为农民工开设心理咨询课程，鼓励和引导农民工积极进行心理健康咨询，并根据不同症状人群提出不同的解决方式，缓解农民工可能出现的积郁成疾状况，从而提高农民工的身体健康水平。政府在对农民工的心理疏导过程中，可以选择贴切农民工生活的娱乐方式，提高农民工的参与率，使得农民工更

快地适应工作和生活环境。政府还应该多注意农民工的心理健康咨询状况，适当缓解农民工的压力，这有助于农民工的身体健康，使得农民工拥有更健康的体魄，同时也提升农民工的收入水平。在城市中，农民工经常会出现经济条件不好、医疗保障不力、免疫屏障薄弱等特殊情况，这些更应引起政府、企业的广泛重视，让医疗卫生部门与研究团体针对抑郁症提前做出防御措施。加强农民工健康状况的保障，密切关注农民工的心理状态，及时提供心理辅导与治疗，改善农民工居住环境，杜绝疾病的滋生与蔓延，降低其各种精神疾病的产生，进一步保障农民工的健康状况。农民工自身也应当选择适当的压力发泄方式，比如有规律的体育运动。因为人们在运动后经常会产生一种轻松的感觉，运动能够提高自身身体健康水平，同时，也有助于缓解压力。

（四）降低农民工抑郁度，减少工作转换次数，提高收入水平

尽可能多地关注农民工群体，给予其更多的就业保障，降低农民工因负面情绪而更换工作的频率，保证农民工收入的稳定性。政府应该多关心农民工就业的权益保障问题，搭建城乡平等就业平台，为农民工提供良好的就业平台。同时，政府要为农民工提供更多的技能培训机会，加大农民工的培训力度，针对不同农民工群体建立不同的培训体系，提高农民工的技能知识，增加农民工的就业机会，增强农民工的就业竞争力。农民工自身也应当通过不断努力，积极提高自身的教育水平，获得更多的技能知识，找寻适合的工作机会，降低工作的更换频率。企业应该积极抓住有潜力的人才，多关注员工的心理健康问题并及时解决可能出现或已经出现的问题，给予员工一个积极的工作环境，降低员工的工作更换频率，从而提高农民工收入水平。

第七章 农民工非技能型人力资本对城市融入的影响研究

第一节 绪 论

有效的农民工市民化取决于两个方面，一是市民需求，二是市民供给。其中，市民化需求是农民工城市融入期望与融入能力的有机结合。融入期望体现了农民工对城市社会生活的向往，而融入能力则是满足农民工适应城市生活的经济条件。已有文献探讨了经济、制度、人力资本和社会资本等因素对农民工城市融入的影响，但这些外在因素并不能充分解释农民工的城市融入行为。那么，以人格特征为代表的内在心理因素是否对农民工城市融入具有显著的影响呢？即使在同等的市民供给条件下，农民工面对着同样的市民化待遇，但假如他们的人格特征不同，其城市融入是否会存在差异？

积极的人格特征对工作适应性的促进效应，是人格特征对城市融入产生影响的重要渠道。但是，从掌握的现有文献来看，将人格特征纳入农民工城市融入分析框架的研究几乎没有。本章以辽宁省锦州市351个农民工为样本，基于工作适应性视角，首次将人格特征作为核心变量纳入农民工城市融入的分析框架中，运用分位数回归模型和结构方程模型，细致分析人格特征对农民工城市融入的影响效果及作用路径，并运用处理效应模型实证检验人格特征对农民工城市融入的因果效应。本章贡献在于，为完善农民工城市融入的实证研究提供新思路，从而进一步深入挖掘以人格特征为代表的非认知能力对农民工城市融入的影响效应。

第二节 文献综述与理论框架

一、文献综述

本章的文献综述主要从农民工城市融入的研究现状、人格特征对工作适应性的影响和人格特征对农民工城市融入的影响这三个方面展开。

(一) 农民工城市融入的研究现状

1. 农民工城市融入的维度分析

国内关于农民工城市融入的研究已取得丰硕成果，学者们主要从经济融入、社会融入和心理融入等维度探讨农民工城市融入的问题。

经济融入是农民工城市融入的基础。农民工进城务工的初衷是提高收入水平，提升社会经济地位，从而更好地融入城市。然而，学者们对农民工经济融入程度的研究结论却不一致。有学者认为，农民工经济融入水平较低，存在职业隔离、工作层次低且稳定性差、社会保障缺失等问题。也有学者认为，农民工从事临时性的职业或者选择个体经营，可能会促进其自主创业并改善经济状况。总的来说，农民工收入水平的提高和消费结构的不断升级，表明其经济融入程度在逐渐提高。

社会融入是农民工充分适应城市社会的重要体现。从状态视角来说，农民工不仅在居住分布和社会地位上处于边缘化状态，更在社会心态上表现出强烈的边缘感。从社会制度上来说，农民工在城市中的社会保障体系和住房制度尚不完善，缺乏保障，使其无法安居乐业。而社区管理的功能缺失可能阻碍农民工与城市市民的正常交往，致使其在城市的归属感和社会融入度降低。从代际差异上看，新生代农民工具有更强的城市社会文化接纳能力，其社会融入程度比老一代农民工更高。

心理融入是农民工城市融入的最高层次追求。多数学者认为，农民工城市融入的过程具有递进性，一般是先实现经济融入和社会融入，再实现心理融入。张宏如通过分析"深圳、常州、重庆与北京新生代农民工"的调研数据得出，在农民工城市融入三个维度中，心理融入程度最低。也就是说，即使农民工在城市中的经济地位得到提升，但如果其在心理上缺乏对城市生活方式和价值观念的认同感，也无法真正实现城市融入。

2. 农民工城市融入的影响因素

农民工城市融入的影响因素较多，概括起来主要有经济因素、制度因素、人力资本因素、社会资本因素和心理资本因素五个方面。学者们从收入、就业及住房情况等方面探讨经济因素对农民工城市融入的影响，一致认为经济能力是农民工实现城市融入的基础。在制度因素方面，学者们认为户籍制度、宅基地制度会阻碍农民工的市民化进程，不利于其城市融入；但是，完善的医疗保险、失业保险等社会保障制度会显著促进农民工城市融入。此外，已有文献还证实了人力资本（受教育程度、技能培训和工作经验等）、社会资本（社会关系、社会网络和方言多样性等）及心理资本（身份认同、初衷达成度、职业认同及公平感知度等）对农民工城市融入具有显著的正向影响。

农民工城市融入不仅受外在的社会经济因素影响，其融入程度也可能因农民工个体特质的不同而存在差异，但是鲜有文献考虑农民工人格特征对其城市融入的影响。

（二）人格特征对工作适应性的影响

人格特征不仅会影响经济活动中的个体行为，如劳动者的工作表现、工资收入等，还会影响劳动者的自我效能，如工作满意度或生活满意度等，可以用劳动者的工作适应性来描述。

人格特征主要通过职业匹配、工资收入及工作自我效能影响工作适应性。德尼森通过双变量密度图来检验劳动者实际人格特征与雇佣单位需求的人格特征之间的平均水平一致性，结果显示，具有严谨性、外向性、顺同性、神经质和开放性人格特征的劳动者能找到与工作需求人格相匹配工作的比例分别为46%、73%、44%、36%和58%，且工作匹配度高的劳动者获得高劳动报酬的可能性更大。

适度职业匹配是工作适应性的基础，而工资作为劳动力市场的核心要素，也是衡量工作适应性的重要指标。詹索夫斯基的研究表明，人格特征与受教育程度的交互作用会影响劳动者的工资收入，而鲍尔斯等人从劳动生产率的角度验证了人格特征对工资收入的影响。此外，程虹运用CEES调查数据采用极大似然估计的处理效应模型，就人格特征对劳动力工资收入的因果效应进行实证检验。结果表明，开放性、严谨性等积极的人格特征对于劳动力工资具有重要的促进效应。同时，人格特征带来的收入增长能有效提高劳动者的工作和生活满意度。

（三）人格特征对农民工城市融入的影响

人格特征与工作适应性并不是完全独立的，人格特征和工作适应性的相互作用最终决定了农民工的城市融入程度。

大量文献已证实了人格特征对劳动者工作适应性的影响以及工作适应性对农民工城市融入的影响。首先，人格特征对农民工工资收入产生影响，具有积极人格特征的农民工更有可能获得高工资，从而影响农民工在城市中的经济融入。罗明忠认为工资收入越高，越有利于农民工在城市中的经济融入。其次，人格特征通过影响工作适应性，改善个体与合作共事者之间的人际关系和人际信任，社会资本的提升有助于农民工的社会融入。最后，人格特征与积极情绪的交互作用会影响农民工的主观幸福感，而职业认同感和公平感知度有助于提升农民工市民心理适应能力，从而影响农民工的心理融入。

（四）文献述评

通过对关于农民工城市融入的文献进行梳理，笔者发现已有文献大多从外在的社会经济因素分析农民工城市融入问题，对农民工个体特质的研究多数局限于性别、年龄、受教育程度等因素，鲜有文献从人格特征视角深入探究农民工个体异质性对其城市融入的影响。大量文献已经证实了人格特征对劳动者经济行为和工作表现的影响，而农民工作为城市建设的重要劳动力，其人格特征对工作适应性的影响并未得到学者们的广泛关注。另外，人格特征对农民工工作适应性及其城市融入之间的内在联系和作用机制还没有得到更深入的研究。

综上所述，人格特征对农民工城市融入的影响必然会受到工作适应性的影响。本章在已有研究的基础上，从工作适应性视角切入，采用"大五"人格量表测度农民工的人格特征，实证研究人格特征对农民工城市融入的影响及作用机制，为完善农民工城市融入的相关研究提供新的思路。

二、理论框架

（一）人格—工作适应性理论

霍兰德在1959年提出的人格—工作适应性理论，被广泛用于评价个体的职业匹配和工作适应性。该理论认为，每种人格特征都有与之适应的工作环境和职业，员工的工作满意度和流动倾向主要取决于其人格特征与职业环境的适应性。

农民工作为城市中的特殊群体，主要为受雇劳动者，其人格特征与城市中的职业环境也会发生交互影响，使农民工调整自己的工作期望与行为，从而提升自身工作适应性。

（二）理论分析框架

本章借鉴霍兰德的人格—工作适应性理论，基于工作适应性视角，探讨"大五"人格特征对农民工城市融入的作用机制。通过回顾现有文献，本章将人格特征、工作适应性对农民工城市融入的影响归纳为三条路径，并构建了如图7.1的理论分析框架。

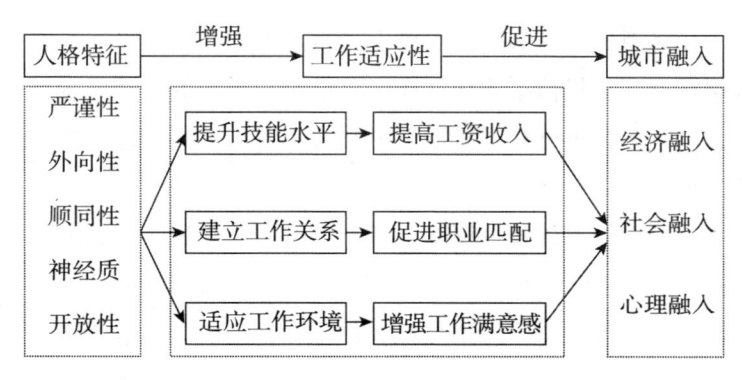

图 7.1 人格特征、工作适应性对农民工城市融入的作用机制

在本章的研究中，人格特征主要基于工作适应性的三条路径作用于农民工城市融入。其一，严谨性、外向性人格特征能促进农民工提升技能水平和工资收入，使得工作适应性增强，从而促进城市融入。

工作适应性能成为人格特征对农民工城市融入产生影响的间接机制，主要是因为大量研究已验证了人格特征对工作适应性的重要作用。就工资收入来说，詹索夫斯基的研究表明，人格特征与受教育程度的交互作用会影响劳动者的工资收入；程虹认为严谨性、开放性人格特征对提升农民工工资收入有显著的促进效应。受教育程度和技能水平的提升对提高劳动生产率有重要作用；鲍尔斯等人正是从劳动生产率的角度验证了人格特征对工资收入的重要作用，为本章的作用路径提供了强有力的支撑。

其二，外向性、顺同性人格特征有助于农民工在工作中建立人际关系，积累新型社会资本，使其在工作调动时可以向更多的亲戚朋友寻求帮助，有助于增加其就业的机会，提升职业匹配度和工作适应性，从而影响农民工城市融入。已有研究为本章提供了借鉴，葛缨认为顺同性高的个体更易与他人建立良好的人际关系，潜在增加了其求职的机会；而德尼森验证了人格特征对劳动力职业匹配具有重要的影响。其中，外向性、顺同性人格特征的劳动者能找到与工作需求人格相匹配工作的比例分别为73%和44%，且工作匹配度高的劳动者获得高劳动报酬的可能性更大，因此工作适应性也可能更高。

其三，神经质人格特征通过促进农民工适应工作环境，从而激发工作效能，提升工作满意感，从而影响农民工在城市中的心理融入。周雅玲的研究表明，人格特征与积极情绪的交互作用会影响农民工的主观幸福感；而邓睿认为职业认同感和公平感知度有助于提升农民工市民心理适应能力，从而影响农民工的城市融入。

接下来，本章针对该理论框架，基于工作适应性视角，就人格特征对农民工城市融入的作用机制展开讨论。假设在其他条件不变的情况下，农民工城市融入由两个因素决定：人格特征 p 和工作适应性 a。本章将利用如下函数进行总结：

$$y = y(pl(a, b), k) \quad (7-1)$$

$$a = a(f, w, s) \quad (7-2)$$

上式中，y 表示农民工城市融入，b 表示农民工自身的受教育程度、技能水平等人力资本，l 表示融入能力决定函数。其中，工作适应性 a 由工作人际 f、工资收入 w 和工作满意度 s 共同决定，k 表示农民工为融入城市所做的其他投入。

第三节 数据来源及描述性统计

一、数据来源

本章的数据来源于 2018 年 6 月—7 月开展的关于辽宁省锦州市农业转移人口的调研数据，以农民工为主要受访对象，在锦州市的早市市场、市府路用工市场、太和超市用工市场、汉口街用工市场、洛阳路（渤大附中）用工市场、火车站、客运总站、商场和建筑工地等地点对其进行问卷调查。调查地点涵盖了农民工求职或务工的主要劳动力市场，行业分布广泛且经济水平等方面存在差异。通过数据清理，得到有效问卷 351 份，本章主要利用 351 个农民工个体样本进行实证研究。

本章主要关注人格特征对农民工城市融入的影响,其中农民工的人格特征主要采用"大五"人格量表进行测度。"大五"人格特征包括严谨性、外向性、顺同性、神经质和开放性五个维度,每个维度包括三个具体问题,要求被访农民工根据自身心理状态、行为偏好及性格特点等进行自我评价。

"大五"人格是目前度量个体人格特征的主要方法,被广泛应用到人格经济学研究。个体人格特征与经济行为及工作表现的关系是人格经济学的主要研究范畴,此量表同样适用于农民工群体。根据不同的"大五"人格维度,描述农民工在个体人格特征方面的差异。为保证所测的农民工人格特征准确有效,本章采用克伦巴赫系数对"大五"人格量表进行信度检验,alpha 值为 0.6907;采用 KMO 和巴特利特球形检验进行效度分析,KMO 值为 0.728,量表具有较好的信度和效度。

二、变量的描述性分析

(一)主要变量的描述性分析

本章的被解释变量为农民工城市融入(分为经济融入、社会融入和心理融入三个维度),核心解释变量为农民工的"大五"人格特征(包括严谨性、外向性、顺同性、神经质及开放性),中间机制变量为农民工的工作适应性(包括调动工作可帮助的亲朋数、月工资收入及工作环境满意度),控制变量主要有性别、年龄、受教育程度、职业阶层、城市购房情况、社会保障情况及宅基地情况。

1. 农民工城市融入

农民工的城市融入程度达到 46.93,表明锦州市农民工的城市融入情况较好。从城市融入的不同维度来看,经济融入程度最高,达到 50.27,心理融入程度次之,达到 46.40,社会融入程度最低,为 41.03。

2. "大五"人格特征

"大五"人格量表中的五个人格特征维度分别对应三道自评问题,被访农民工根据对问题的同意程度从弱到强在 1~5 分之间进行打分，各维度的三个问题的总得分，即为农民工在该人格特征维度上的水平。但在此量表中，严谨性维度下的自评问题"我比较懒惰"，外向性维度下的自评问题，"我比较保守"，顺同性维度下的自评问题，"我有时待人粗鲁"，神经质维度下的自评问题，"我心态放松抗压能力强"，这四道问题皆为该维度下的反向问题，因此在计算上述四类人格特征得分时，采取反向计算该题得分的方式，以保证每个维度的最终得分皆表示得分越高，该人格特征越强。例如，外向性人格特征得分＝自评问题"我很喜欢和人说话"得分＋自评问题"我很外向，爱社交"得分＋（自评问题"我比较保守"得分）。

农民工严谨性的平均得分为 13.50，外向性的平均得分为 11.66，顺同性的平均得分为 13.24，神经质的平均得分为 7.12，开放性的平均得分为 13.24。其中，农民工的严谨性人格特征得分最高，表明农民工事业心和工作努力程度普遍较高。神经质人格特征的评价最低，说明农民工在城市中承受着一定的工作和生活压力，但可以通过情绪稳定性调节，适度的压力也能转化成打拼动力。

此外，本章根据农民工自评得分及对反向问题的调整来计算人格特征得分。其中，严谨性维度下的责任心、勤奋和办事效率，体现了农民工的工作成就感与努力工作的程度；外向性维度下的健谈、社交和不保守，衡量了农民工的进取心、领导力和人际关系的活跃水平；顺同性维度下的礼貌、体谅及和善，表现了农民工是否易于与他人合作及对他人的信任和宽容程度；神经质维度下的焦虑、紧张和压力，反映了农民工在务工城市面对生活及工作的情绪状态及抗压能力；开放性维度下的创造力、艺术感和想象力则涵盖了农民工的好奇心及革新精神。农民工城市融入不仅体现在经济水平的提升，更取决于农民工在心理状态上是否真正融入城市，因此，本章利用"大五"人格量表测度农民工人格特征，能较为准确地反映农民工城市融入的心理状态。

在严谨性人格特征中，责任心的均值为 4.61，勤奋的均值为 4.46，办事效率的均值为 4.42，表明农民工在工作中的努力程度较高，有一定进取精神。在外向性人格特征中，健谈的均值为 4.22，社交的均值为 4.04，不保守的均值为3.40,表明农民工的人际交往活跃水平较高。在顺同性人格特征中,礼貌的均值为4.30,体谅的均值为4.30,和善的均值为4.64,表明农民工易于信任和宽容他人,这有助于其与城市居民的交往,促进其在城市中的新型社会资本积累。在神经质人格特征中,焦虑的均值为2.44,紧张的均值为2.35,压力的均值为2.33,表明农民工面对生活或工作压力时情绪容易波动和敏感。在开放性人格特征中,创造力的均值为2.97,艺术感的均值为2.70,想象力的均值为2.91,表明农民工对艺术和美的好奇心及创造力处于中等水平。

3. 农民工工作适应性

在工作适应性方面,农民工在城市中调动工作可寻求帮助的亲朋数平均为3.23,表明农民工在城市中积累的新型社会资本较低。任务绩效是工作适应性的重要体现,由结果可知,农民工在城市中的月平均工资为2895.20元,相对城市职工的工资来说,农民工工资尚处于较低水平。农民工对工作环境满意度的平均水平为3.29,表明农民工对工作满意度较高。

(二) 农民工样本特征

本章的研究对象为351个锦州市农民工,本章介绍了其个体特征分布,主要包括性别、年龄、受教育程度和职业类型。

从性别来看,72.36%的农民工为男性,27.64%的农民工为女性,这可能与农村中男性是挣钱养家的主要劳动力有关,因此男性外出到城市务工的比例远高于女性。

从年龄来看,18~30岁的农民工占样本的5.41%,30~40岁的农民工占样本的14.25%,而40~50岁、50~60岁和60岁以上的农民工分别占样本的35.61%、26.21%和18.52%。年龄反映了农民工代际构成,周密的研究中将新生代农民工定义为在20世纪80年代及以后出生的具有城市务工经历的青年农民工,总的来看,新生代农民工的比重为19.66%,老一代农民工的比重为80.34%,老一代农民工远多于新生代农民工。

从受教育程度来看,4.56%的农民工基本没上过学,39.03%的农民工为小学学历，45.01%的农民工为初中学历，9.12%的农民工为高中学历，而大专及大学以上的农民工仅占样本的2.28%，说明农民工受教育程度普遍较低。

从职业阶层来看，农民工职业阶层的平均得分为29.76，说明农民工在城市中从事的职业层次较低，主要以低技能工人、力工等为主，这可能与农民工人力资本积累有关。受教育程度是农民工认知能力的重要体现，但绝大多数农民工学历在初中以下，受教育程度处于较低水平。

在社会保障方面，34%的农民工在城市中有保险，主要有单位缴纳的保险和农民工自己购买的商业保险两种。关于住房情况，69%的农民工在老家有宅基地，但是仅有31%的农民工在城市中购买了住房，大部分农民工还是通过租房或住单位宿舍或工棚来解决住宿问题。

第四节 农民工城市融入程度测度

一、农民工城市融入指标体系构建

农民工城市融入是一个长期适应的过程，单一指标不能全面反映其真实的城市融入情况。因此，本章将构建多指标体系对农民工城市融入程度进行测度，本章的指标体系主要针对农民工个体层次。

参考已有研究，本章将农民工城市融入划分为经济融入、社会融入和心理融入三个维度。农民工进城务工的初衷是获得稳定的职业并提高其经济水平，因此经济融入是农民工融入城市的根本保障，主要涉及月工资收入、社会保障、住房及生活条件。社会融入是农民工主动适应城市的工作与生活环境，积累一定的新型社会资本，从而更好地融入城市社会的进一步要求，主要体现在农民工增强与城市居民的交往、积极参与社区娱乐活动，在生活中遇到困难时会向邻居寻求帮助等方面。心理融入是农民工实现城市融入的最高层次要求，反映了农民工对城市的情感归属和心理认同感，只有真正喜欢城市生活,农民工才可能有更高的意愿参与社区管理,并将留在城市安家立业作为未来人生规划的主要部分。

因此,本章以经济融入、社会融入和心理融入为二级指标,每个二级指标下分别选取3~4个三级指标,构建农民工城市融入指标体系,并利用熵值法计算指标权重及农民工城市融入程度。针对各指标的具体解释如下:

(1) 月工资收入:先将农民工的月工资收入进行5.5%的单侧缩尾处理,避免极端值干扰,然后对月工资收入取对数。

(2) 社会保障:通过问题"您现在是否有保险?"来体现,有保险赋值为1,无保险赋值为0。保险的类型主要包括单位或自己购买的养老保险、医疗保险、工伤保险、失业保险、生育保险和意外伤害保险等。

(3) 住房情况:若农民工自己在打工城市购买了房子,赋值为1,否则,赋值为0。房子是农民工在城市中生活的基础,现实中大多数农民工通过租房子或住在单位的集体宿舍、工棚等在打工城市解决住宿问题。若能在城市购买住房,则表示农民工有一定的经济能力。

(4) 生活条件:对比农民工过去三年的生活水平是否提高,提高即赋值为1,否则赋值为0。

(5) 邻居交往:若农民工经常与打工居住地的邻居交往,则赋值为1,若与邻居不交往则赋值为0。良好的邻居交往情况有利于农民工培养对城市的信任和归属感,在某种程度上体现了农民工融入城市社会的程度。

(6) 娱乐参与:若农民工参加过所在社区组织的文化娱乐活动,赋值为1,没参加过则赋值为0。农民工参与社区文化娱乐活动的过程也是其适应城市文化生活的过程。

(7) 社会关系:农民工在生活中遇到困难时会寻求当地居民或邻居的帮助,赋值为1,其他方式赋值为0。农民工在生活中遇到困难时能求助于城市居民,说明其在城市中的新型社会关系网络情况良好。

(8) 城市认同:农民工喜欢城市,赋值为1,喜欢农村则赋值为0。农民工对城市的喜欢表达了其融入城市的期望及成为城市市民的愿望。

(9) 未来去向:若农民工希望留在城市安家立业,则赋值为1,希望返乡或其他打算则赋值为 0。

（10）社区管理意愿：农民工愿意参与社区管理，赋值为 1，不愿意则赋值为 0。社区参与意愿体现了农民工在心理上希望以主人翁的立场适应城市社会的生活方式，并调整自己的城市融入行为。

二、指标权重计算

（一）权重计算方法

本章采用熵值法计算农民工城市融入的指标权重，其原理是某项指标值的差异程度越大，该指标所起的作用越大，因此赋予的权重也较大。确定权重的具体步骤如下：

第一，对农民工城市融入各维度的指标进行标准化处理，本章采用 Min-max 标准化法，其公式为：

标准化数据 =（原数据-最小值）/（最大值-最小值）

第二，计算各指标所占农民工总体的比重；

第三，计算各指标的熵值；

第四，计算各指标的一致性程度；

第五，计算各指标权重。

根据所得的指标权重，可计算农民工城市融入程度的值为：

$$Integration_i = \sum_{j=1}^{n} \omega_j x_{ij} \quad (7-3)$$

上述公式 $Integration_i$ 表示农民工城市融入程度，ω_j 表示各指标的权重，X_{ij} 表示农民工在评价指标上的具体数值。经济融入、社会融入及心理融入程度的测度同理。

（二）测度结果

采用熵值法计算的农民工城市融入各指标权重如表 7.1 所示。农民工经济融入的指标权重为 0.46，表明经济能力在农民工城市融入中依然起着基础且重要的作用。在三级指标中,月工资收入占据最重要位置,权重为0.30,生活条件次之,权重为0.28,社会保障和住房情况的权重相同,均为0.21。可能的原因是购买住房对于农民工而言不是必需的,其居住的替代方式较多,如租房或者住打工单位宿舍等更加经济实惠。因此,住房几乎发挥着与社会保障相同的作用。社会融入的指标权重为0.23,与郭庆然的计算结果接近。社会融入的三级指标中,邻居交往作用最大,权重为0.54,说明农民工主要通过经常与打工居住地的邻居交往来适应城市的社会生活,娱乐参与的权重为0.24,社会关系的权重为0.22。心理融入的重要性仅次于经济融入,权重为0.32,其三级指标中,城市认同的权重为0.37,未来去向的权重为0.36,社区管理意愿的权重为0.27,说明农民工在具有经济基础条件下,心理上对城市有归属感和认同感,才真正算得上融入城市。

表7.1 农民工城市融入评价指标体系及权重

一级指标	二级指标	三级指标	指标说明
城市融入	经济融入(0.46)	月工资收入(0.30)	月工资收入对数
		社会保障(0.21)	您现在是否有保险(是=1,否=0)
		住房情况(0.21)	您是否在打工城市买房(是=1,否=0)
		生活条件(0.28)	过去三年生活水平是否提高(是=1,否=0)
	社会融入(0.23)	邻居交往(0.54)	您是否经常与打工居住地的邻居相互来往(是=1,否=0)
		娱乐参与(0.24)	您是否参加过所在社区组织的文化娱乐活动(是=1,否=0)
		社会关系(0.22)	在生活中遇到困难时,您是否向当地邻居寻求帮助(是=1,否=0)
	心理融入(0.32)	城市认同(0.37)	您更喜欢农村还是城市(城市=1,农村=0)
		未来去向(0.36)	您未来的去向是(留城=1,其他=0)
		社区管理意愿(0.27)	是否愿意参加社区管理(是=1,否=0)

注:括号中的数字表示指标权重。

根据计算出的指标权重及各指标值，采用公式（7-3）的加权法计算出农民工总城市融入及其经济、社会和心理三维度的融入程度，具体结果见表7.2。

表7.2 农民工城市融入程度测度结果

融入程度	样本量	均值	标准差	最小值	最大值
城市融入	351	46.93	18.64	6.79	90.24
经济融入	351	50.27	21.69	0.00	95.51
社会融入	351	41.03	28.34	0.00	100.00
心理融入	351	46.40	34.30	0.00	100.00

注：数据来源于问卷调查。

按五个维度下的"高人格特征"和"低人格特征"进行分组，考察农民工城市融入程度在不同水平的人格特征间的组间差异。结果发现，与"低严谨性人格特征"的农民工相比，"高严谨性人格特征"的农民工总城市融入程度高出4.33，且二者差异在5%的显著性水平上统计显著。同时，"高严谨性人格特征"的农民工的经济融入程度比"低严谨性人格特征"的农民工高出6.79，且二者差异在1%的显著性水平上统计显著。进一步分析发现，"高顺同性人格特征"的农民工的总城市融入程度比"低顺同性人格特征"的农民工高出3.75，在10%的显著性水平上有显著差异；"高神经质人格特征"的农民工的社会融入程度比"低神经质人格特征"的农民工高出5.81，在10%的显著性水平上有显著差异。

第五节　人格特征对农民工城市融入的影响分析：基于工作适应性视角

为了更准确地估计人格特征对农民工城市融入的影响，本部分将利用锦州市351个农民工调研数据进行实证检验。首先运用OLS、分位数回归模型分析人格特征对农民工城市融入的相关关系，并考察人格特征、工作适应性等各因

二、农民工城市融入的分位数回归分析

(一) 变量选择与模型设定

1. 变量选择

本章的被解释变量为农民工城市融入程度,核心解释变量为农民工的"大五"人格特征,包括严谨性、外向性、顺同性、神经质及开放性,中间机制变量为农民工的工作适应性(调动工作可帮助的亲朋数、月工资收入及工作环境满意度),控制变量主要有性别、年龄、受教育程度、职业阶层、城市购房情况、社会保障情况及宅基地情况。为了能准确估计以人格特征为代表的非认知能力对农民工城市融入的影响,本章采用受教育程度作为农民工认知能力的代理变量加以控制。

2. 模型设定

农民工城市融入是农民工长期适应城市社会和工作环境,从而逐渐融入的结果。因此,在不同程度的城市融入上,人格特征、工作适应性等因素的影响效果可能不同。假如只进行线性回归,会掩盖人格特征、工作适应性等因素对农民工城市融入的整个条件分布的影响,而只能考察各因素对农民工城市融入的平均影响。基于此,本章采用分位数回归模型,分析上述影响因素对10%、25%、50%、75%和90%分位点上的农民工城市融入程度的作用效果。

与线性回归不同,分位数回归模型估计的是因变量的条件分布在具体分位点上(比如,条件中位数、四分之一分位数、四分之三分位数等)受各自变量的影响。并且,分位数方法属于半参数估计方法,对模型的随机误差项不做假定,受极端值影响较小。

本章拟建立如下的分位数回归模型(quantile regression model):

$$y_i = \beta_0 + \beta_1 x_1 + \beta_2 x_2 + \beta_k x_k + \mu_i \qquad (7-4)$$

$$Q_\theta(y_i \mid x_i) = x_i \beta_\theta \qquad (7-5)$$

其中，X_i 为一系列外生变量向量，包括人格特征、工作适应性和控制变量，β_θ 为参数向量。$Q_\theta(y_i \mid x_i)$ 表示人格特征、工作适应性等因素 X_i 给定时，农民工城市融入程度 y_i 的 θ 条件分位数，本章取农民工城市融入在 10%、25%、50%、75%和90%的分位数。θ 回归分位数（$0<\theta<1$）对应的参数向量 β 由以下最小化问题来定义：

$$\min \left\{ \sum_{i,\, y_i \geq x_i \beta} \theta \mid y_i - x_i \beta \mid + \sum_{i,\, y_i < x_i \beta} (1-\theta) \mid y_i - x_i \beta \mid \right\} \qquad (7-6)$$

（二）分位数回归结果与分析

本部分运用分位数回归模型，分析农民工人格特征、工作适应性及个体特征变量对不同分位点城市融入程度的影响。采用 bootstrap 方法对农民工城市融入程度进行分位数回归分析，考察解释变量对10%、25%、50%、75%和90%分位点的城市融入程度的影响，图7.2分析了所有解释变量对农民工城市融入程度不同分位点上边际贡献的变化情况。可从中得到如下结论：

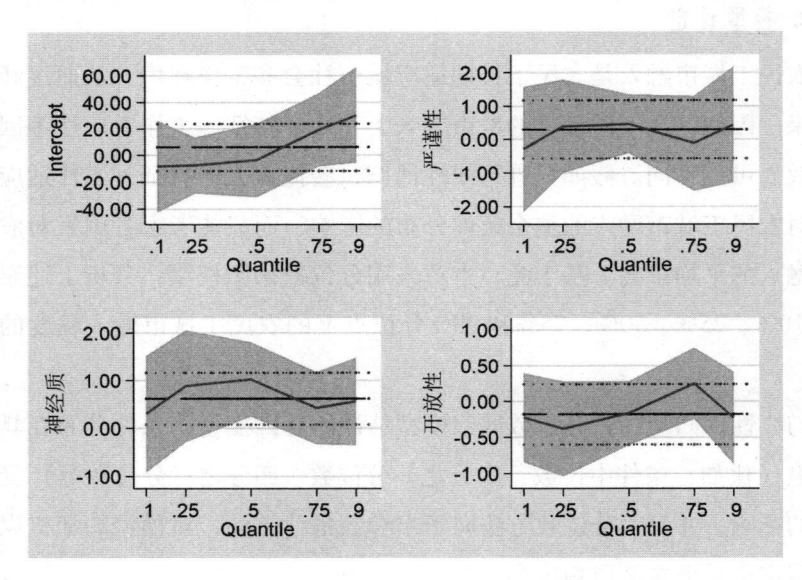

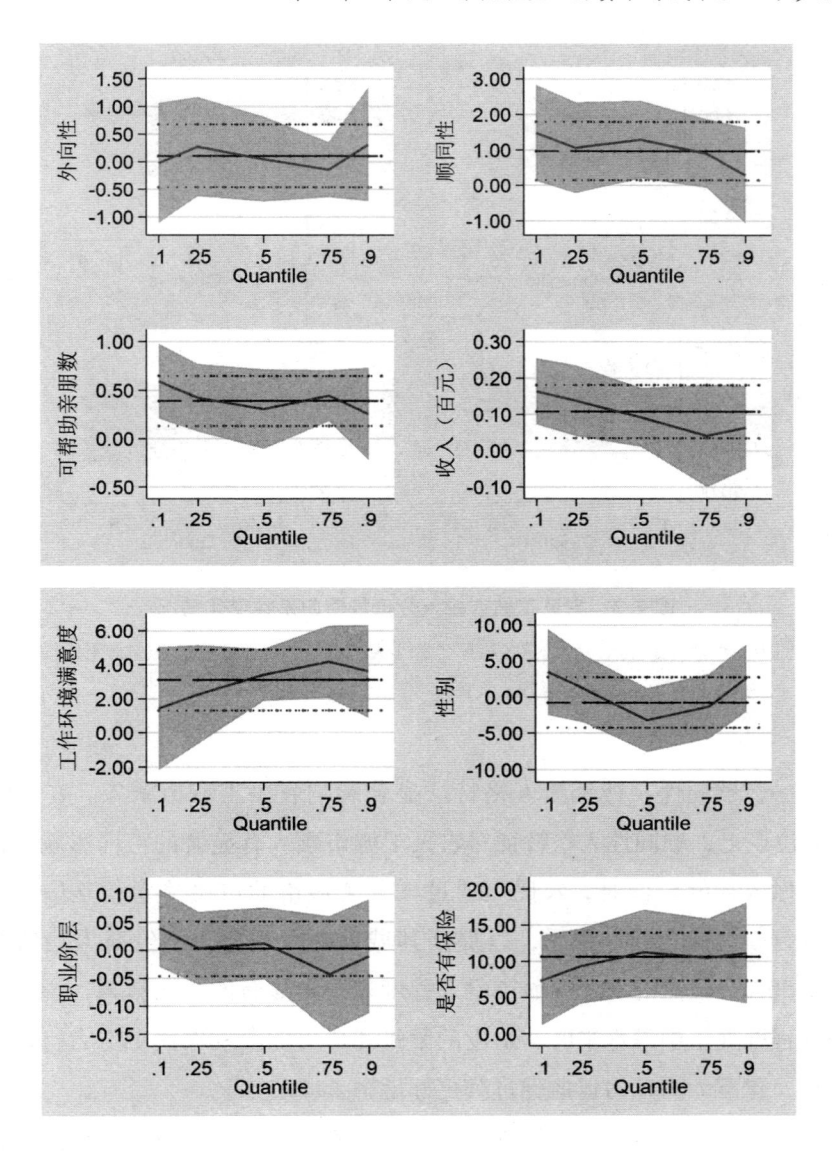

>>> 第七章 农民工非技能型人力资本对城市融入的影响研究

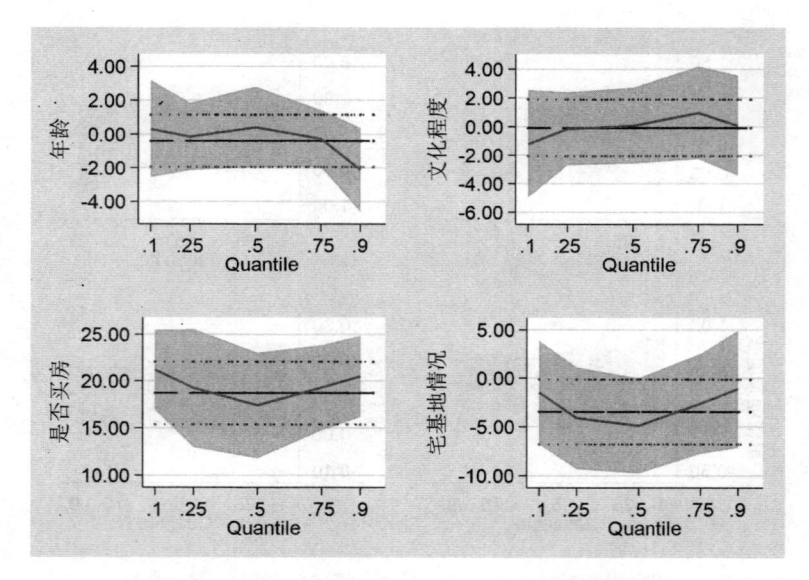

图7.2 农民工城市融入分位数回归系数变化情况

注：图中的横轴为分位点，实线是各解释变量（人格特征、工作适应性及控制变量）的分位回归估计结果，粗虚线表示解释变量的OLS估计值。

第一，顺同性、神经质人格特征显著影响农民工城市融入。在10%和50%分位点上，顺同性人格特征对农民工城市融入有显著的正向影响，说明在城市融入程度较低时，农民工通过与务工城市的市民建立相互信任的关系，进行新型社会资本积累，以提高其城市融入程度。神经质人格特征对25%和50%分位点的农民工城市融入程度表现出显著的正向影响，说明在城市融入程度处于中等水平时，适度的紧张和压力能激发农民工努力打拼的进取精神，化压力为动力以此促进其更好地融入城市社会。

第二，工作环境满意度对提升农民工城市融入程度有显著的促进效应。由回归结果可知，工作环境满意度对农民工城市融入程度的回归系数随着分位点的增加而变大。在75%分位点的城市融入程度上，工作满意度对农民工城市融入有显著的正向影响，且通过10%水平上的显著性检验。说明农民工在建立了一定的经济基础后，会更关注工作环境和条件的优越性，对工作环境的满意度越高，其工作适应性及对城市的认同感和归属感也会随之提升，因此城市融入程度也越高。

第三,社会保障对农民工城市融入起着强心剂作用。由回归结果可知,社会保障对各分位点的农民工城市融入几乎都在1%的水平上具有显著的促进作用。农民工能在城市中获得社会保障,说明其能在城市中享有与当地市民同等的福利待遇,弱化了社会身份上的歧视性差异。因此,社会保障对农民工城市融入起着强心剂作用,能显著提高农民工城市融入程度。

第四,住房是影响农民工城市融入程度的重要因素。回归结果显示,在城市购买住房对所有分位点上的农民工城市融入程度都具有促进作用,且都通过1%的水平上的显著性检验。但对于家中有宅基地的农民工而言,当城市融入程度达到50%以上时,宅基地会成为束缚其融入城市的因素,这可能因为农民工本质身份还是农民,无法真正享有和城市市民相同的福利及社会待遇。因此,宅基地在城市融入程度较高时反而会成为阻碍因素。

三、人格特征对农民工城市融入的作用机制分析:基于工作适应性视角

人格特征体现的是农民工个体的性格差异,相比经济资本、社会资本等其他因素,其对城市融入的影响可能无法直接观测。那么人格特征是通过什么方式影响农民工城市融入程度的呢?本部分将运用结构方程模型,基于工作适应性视角,分析人格特征对农民工城市融入的作用机制。

(一)变量选择与模型设定

1. 变量选择

本章的外源潜变量为农民工的"大五"人格特征,包括严谨性、外向性、顺同性、神经质及开放性,外源观测变量为"大五"人格特征15维度的考察方面,内生潜变量为农民工工作适应性(主要包括调动工作可帮助的亲朋数、月工资收入及工作环境满意度三个方面)及其城市融入程度(经济融入、社会融入和心理融入)。

2. 模型设定

在本章的研究中，农民工的人格特征通过计算得到，但工作适应性无法用单一指标衡量且不能直接观测，采用传统方法对这些潜变量进行分析可能得不到较为精确的结果，而结构方程模型能通过降维的方式清晰地揭示潜变量和观测变量之间的相互关系，同时避免测量误差对估计结果的影响。因此，本章采用结构方程模型，以工作适应性为中介变量，分析人格特征对农民工城市融入的影响效果及作用路径。

本章构建的结构方程模型包括测量方程和结构方程两部分。首先，以反映农民工人格特征 15 个维度下的具体问题 ξ 为外源观测变量，构建反映其"大五"人格特征的外源观测变量向量 X，二者的相关系数矩阵为 Λ_X，δ 为测量误差向量。具体的测量方程如下：

$$X = \Lambda_x \xi + \delta \tag{7-7}$$

其次，紧接着分别构建反映农民工工作适应性和城市融入的内生观测变量向量 Y_1 和 Y_2，内生潜变量 η_1 指农民工工作适应性的三个方面，即调动工作可帮助的亲朋数、月工资收入和工作环境满意度；内生潜变量 η_2 指农民工的经济融入、社会融入和心理融入，Λ_{y1} 和 Λ_{y2} 分别为两个方程的相关系数矩阵，ε_1 和 ε_2 为测量误差向量。具体的测量方程如下：

$$Y_1 = \Lambda_{y1} \eta_1 + \varepsilon_1 \tag{7-8}$$

$$Y_2 = \Lambda_{y2} \eta_2 + \varepsilon_2 \tag{7-9}$$

最后，构建外源潜变量（人格特征）与内生潜变量（工作适应性和农民工城市融入）之间的结构方程，具体表达式如下：

$$\eta = B_1 \eta_1 + B_2 \eta_2 + \Gamma \xi + \zeta \tag{7-10}$$

在公式（7-10）中，B_1 和 B_2 为内生潜变量的相关系数矩阵；Γ 为外源潜变量的相关系数矩阵，描述外源观测变量 ξ 对内生潜变量 η_1 和 η_2 的影响，ζ 表示结构方程的随机误差项。

（二）结构方程模型结果与分析

本部分运用结构方程模型，利用软件 Amos 24 分析人格特征、工作适应性对农民工城市融入的作用路径。首先对结构方程模型的拟合效果进行检验，结果如表7.3所示。

表7.3 SEM整体适配度评价标准及拟合结果

统计检验量	含义	模型指标值	标准	拟合结果
GFI	拟合优度指数	0.98	>0.90	理想
IFI	增量拟合指数	0.96	>0.90	理想
PGFI	简约适配度指数	0.52	>0.20	理想
RMSEA	近似误差均方根	0.03	<0.08	理想
CFI	比较拟合指数	0.95	>0.90	理想
TLI	塔克—刘易斯指数	0.93	>0.90	理想
PCFI	调整后的比较指数	0.64	>0.50	理想
PNFI	调整后的规准指数	0.57	>0.50	理想
CN	临街样本量	351	>200	理想
CMIN/DF	χ^2自由度比	1.36	<3	理想

由表7.3可知，模型的χ^2自由度比为1.36，小于标准值3，RMSEA的值为0.03小于标准值0.08，GFI、IFI、CFI、TLI的值均大于标准值0.90，PGFI的值为0.52大于标准值0.20，PCFI和PNFI的值分别为0.64和0.57，均大于标准值0.50，模型的各指标拟合结果都比较理想。

结合结构方程的估计结果和图7.3可知，开放性人格特征对农民工城市融入的路径系数为-0.33，二者呈负相关关系。开放性人格特征对工作适应性的路径系数为0.43，且在1%的水平上显著正相关，说明具有开放性人格特征的农民工，其工作适应性更好。工作适应性对农民工城市融入的路径系数为1.00，且在5%的水平上显著正相关，说明农民工的工作适应性越好，其城市融入程度越高。可见，开放性人格特征对农民工城市融入的影响是通过工作适应性的中介作用实现的。因此，提高农民工的工作适应性，能有效促进其融入城市。

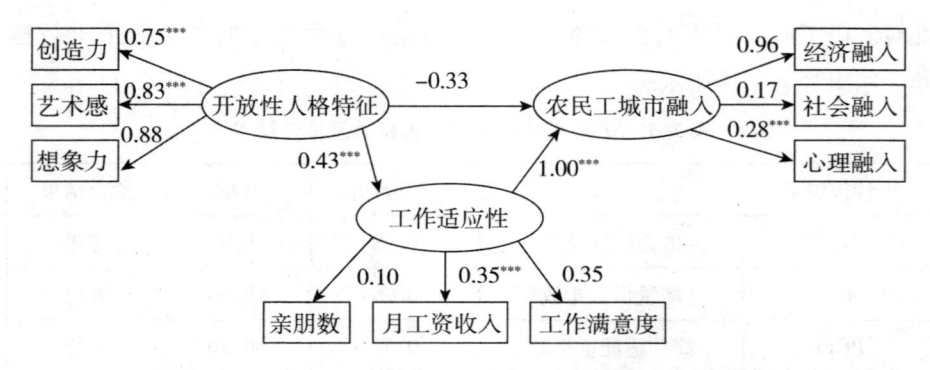

图 7.3 人格特征、工作适应性对农民工城市融入的作用路径图

图 7.3 为人格特征、工作适应性对农民工城市融入的作用路径图。通过分析测量方程，可以总结出如下几点结论：

（1）创造力、艺术感显著促进农民工形成开放性人格特征。反映开放性人格特征的指标主要有创造力、艺术感和想象力。其中，创造力和艺术感对农民工形成开放性人格特征具有显著的正向影响，而且艺术感的作用大于创造力。虽然想象力对开放性人格特征的影响不显著，但二者之间的相关性是最大的。

（2）月工资收入显著影响农民工工作适应性。本章使用农民工在调动工作时可寻求帮助的亲朋数、月工资收入及工作环境满意度来衡量其工作适应性。月工资收入与工作适应性的标准化路径系数为 0.35，且通过 1% 水平上的显著性检验。工作环境满意度和调动工作可寻求帮助的亲朋数与工作适应性的标准化路径系数分别为 0.35 和 0.10。

（3）心理融入在农民工城市融入中起关键作用。经济融入、社会融入和心理融入对农民工城市融入的标准化路径系数分别为 0.96、0.17 和 0.28，而且心理融入的系数通过 5% 统计水平上的显著性检验。说明心理融入在农民工城市融入中起关键作用，农民工必须在心理上接纳和适应城市，才能真正实现城市融入。

四、人格特征对农民工城市融入的因果效应分析

(一) 变量选择与模型设定

1. 变量选择

本章的被解释变量为农民工城市融入（经济融入、社会融入和心理融入），核心解释变量为农民工的"大五"人格特征，包括严谨性、外向性、顺同性、神经质及开放性，中间机制变量为农民工的工作适应性（调动工作可帮助的亲朋数、月工资收入及工作环境满意度），控制变量主要有性别、年龄、受教育程度、职业阶层、城市购房情况、社会保障情况及宅基地情况。为了能准确估计以人格特征为代表的非认知能力对农民工城市融入的影响，本章采用受教育程度作为农民工认知能力的代理变量加以控制。

2. 模型设定

由于人格特征在不同农民工个体之间的差异不是完全随机分配的，可能存在"选择性偏差"，普通的回归方法难以验证人格特征对农民工城市融入的因果效应。基于此，本章采用处理效应模型，针对"大五"人格特征对农民工城市融入的因果效应进行更有效率的极大似然估计。

本章根据所有农民工的"大五"人格特征平均值，将农民工分为"高人格特征"（personality trait_ high = 1）和"低人格特征"（personality trait_ high = 0）两组。其中，"高人格特征"组即为本章研究的处理组，农民工是否进入处理组将通过一个选择方程进行识别，本章构建处理效应模型如下：

$$Y_i = \alpha_0 + \alpha_1 \text{personality\_ trait}_{high} + \alpha_2 W_i + \varepsilon_i \quad (7-11)$$

$T_i = 1(z_i'\delta + \mu_i)$，当 $T_i > 0$ 时，personality trait_ high = 1，否则取 0

$$(7-12)$$

在上式中，(7-11) 式为回归方程，(7-12) 式为选择方程，处理组人格特征 personality trait_ high 会同时进入回归方程和选择方程。其中，W_i 为

一系列主要控制变量（性别、年龄、受教育程度、职业阶层、社会保障、城市购房情况、宅基地情况）和其他控制变量（其他"大五"人格特征和工作适应性）。选择方程（7-12）实际上是一个 Probit 模型，1 $(z_i'\delta+\mu_i)$ 为示性函数，z_i' 可以视为"大五"人格特征的工具变量，会影响农民工是否会进入处理组（"高人格特征"组），但不会直接影响农民工城市融入。考虑到农民工在选择职业时具有一定的同群效应，本章采用某农民工所在职业的"大五"人格特征均值作为代理变量。ε_i 和 μ_i 分别为两个方程的随机误差项。

（二）处理效应模型结果与分析

前文采用 OLS 法、分位数回归模型及结构方程模型，实证检验了人格特征对农民工城市融入程度的相关关系，本部分采用处理效应模型，分析人格特征对农民工城市融入程度的因果效应。

实证检验结果表明，在充分控制农民工的性别、年龄、认知能力、职业阶层等主要控制变量及其他"大五"人格特征和工作适应性（可帮助亲朋数、月工资收入、工作环境满意度）变量后，发现严谨性、外向性、顺同性和神经质人格特征对农民工经济融入和社会融入存在显著的影响效应。

严谨性人格特征对农民工经济融入的处理效应系数为 20.75，且通过 1% 水平上的显著性检验。严谨性反映了农民工的努力程度和进取心，严谨性越高的农民工提升经济水平的能力可能越强，有助于促进其在城市中的经济融入。

外向性人格特征对农民工经济融入的处理效应为 15.97，且通过 1% 水平上的显著性检验，社会融入的处理效应为 32.10，且通过 10% 水平上的显著性检验。表明高外向性的农民工更易与工作单位的同事或城市居民建立良好的人际关系，有助于增加工作机会和提高农民工在城市定居的经济能力，从而更好地适应并融入城市社会。

顺同性在 10% 的水平上对农民工社会融入具有显著的正向影响效应，说明顺同性高的农民工更容易与城市市民建立相互信任的关系，有利于其积累新型社会资本，促进城市融入。

神经质人格特征对农民工经济融入在1%水平上具有显著的抑制效应，结合结构方程的路径分析结果，高神经质对农民工的月工资收入存在负向影响，可能减弱其工作适应性，不利于积累资本，从而阻碍农民工经济融入。同时，神经质人格特征对农民工社会融入的处理效应为33.15，且通过10%水平上的显著性检验，说明高神经质的农民工可能更倾向于与他人交往，从而缓解自己在城市中的生活或工作压力，促进社会融入。

五、异质性检验

本部分利用锦州市351个农民工调研数据，通过筛选新生代和老一代、举家迁移和非举家迁移、受雇与自雇农民工样本进行OLS回归，分析人格特征、工作适应性对农民工城市融入的异质性，使研究结果更加稳健。

（一）农民工代际差异分析

研究表明，人格特征稳定性在个体生命周期的不同阶段存在差异，个体在30岁后的人格特征基本保持稳定，而严谨性、顺同性水平会随着年龄的增长而提高，外向性、开放性水平会随年龄的增长呈现先上升后下降的趋势。这与本章研究的新老一代农民工在年龄上比较吻合，采用OLS法分别对老一代农民工和新生代农民工样本进行回归，检验人格特征、工作适应性对其城市融入程度的影响是否存在代际差异。

与新生代农民工相比，神经质人格特征对老一代农民工城市融入具有显著的正向影响，且通过5%水平上的显著性检验，而人格特征与工作适应性对其城市融入的交互作用不显著。可能的原因是老一代农民工进城的初衷更多是为了挣钱养家，其在城市中面临着比新生代农民工更大的工作压力和生活压力，但这些压力恰好是农民工在城市中打拼和奋斗的动力源泉，有助于城市融入。

(二) 农民工迁移模式差异分析

迁移模式对农民工城市融入有显著的影响，而迁移决策可能因农民工人格特征的不同而存在差异。因此，本章通过筛选举家迁移与非举家迁移的农民工样本进行 OLS 回归，分析在不同的迁移模式下，人格特征、工作适应性对农民工城市融入的影响。

由回归结果可知，相比举家迁移的农民工，顺同性和神经质人格特征对非举家迁移的农民工城市融入分别在 1% 和 5% 的水平上有显著的正向影响。而且，外向性与调动工作时可帮助亲朋数对农民工城市融入有显著的共同促进作用。可能的原因是非举家迁移的农民工拥有更大的城市融入决策权，因此人格特征、工作适应性对农民工城市融入的作用更大。而对于举家迁移的农民工，其城市融入需要综合考虑家庭成员及其他因素才能做出合理的融入决策。因此，农民工个体的人格特征在家庭城市融入决定中的作用相对较小。

(三) 农民工职业性质差异分析

人格特征对农民工工作适应性的影响首先体现在其受雇和自雇两种职业选择偏好上，进而影响其城市融入程度。根据农民工在城市中从事的职业类型，本章将在城市中创业或从事自营工商业的店铺小业主和私营企业主界定为自雇农民工，从事其他受雇于用人单位职业（如技能工人、服务员等）的界定为受雇农民工。本章通过筛选受雇农民工样本和自雇农民工样本分别进行 OLS 回归，分析人格特征、工作适应性对不同职业性质的农民工城市融入的影响。

结果表明，对受雇农民工而言，顺同性、神经质人格特征对受雇农民工城市融入存在显著的正向影响，且都通过 5% 水平上的显著性检验；同时，严谨性与月工资收入的交互作用、外向性与调动工作可帮助亲朋数的交互作用显著促进受雇农民工城市融入，且分别通过 5% 和 10% 水平上的显著性检验。对自雇农民工而言，严谨性、神经质人格特征对其城市融入存在显著的正向影响，外向性与调动工作可帮助亲朋数的交互作用显著促进受雇农民工城市融入，但严谨性与月工资收入的交互作用对其城市融入存在抑制效应。可能的原因是工资收入是受雇农民工在城市中安家立业的重要经济来源，因此，严谨性越高的农民工更倾向于努力工作，通过提高工资收入来提升工作适应性，从而促进其更好地融入城市。

第六节 结 论

本章利用锦州市351个农民工的调研数据，实证分析了人格特征对农民工城市融入的影响。从经济融入、社会融入和心理融入三个维度构建指标体系，采用熵值法计算指标权重和城市融入得分；采用"大五"人格特征量表测度农民工人格特征，力图揭示不同维度的人格特征对农民工城市融入程度的异质性影响。本章使用分位数回归模型探究人格特征在农民工城市融入的不同分位点上的细致影响，同时使用结构方程模型检验人格特征对农民工城市融入的作用机制，验证工作适应性在其中的中介作用。由于个体的人格特征在其生命周期内具有稳定性。因此，在本章中可以将人格特征视为外生变量，所以未在本章研究中考虑内生性问题。本章的主要结论如下：

第一，农民工"大五"人格特征存在个体差异。通过"大五"人格量表测度351个农民工的人格特征。其中，严谨性得分最高，说明农民工的严谨性普遍较强；神经质得分最低，说明农民工的情绪稳定性较好；同时，农民工在外向性、顺同性和开放性等积极的人格特征的得分也相对较高，说明农民工群体具有良好的人格特征。具体到人格特征的15个维度，农民工在责任心、办事效率、体谅及和善等方面表现良好，但也存在较为保守、在城市生活和工作中相对容易紧张和焦虑，在创造力、艺术感和想象力方面也较为缺乏。

第二，严谨性、外向性、顺同性等积极的人格特征对农民工城市融入具有显著的促进作用，适当的神经质能激发农民工的打拼动力。本章利用锦州市 351 名农民工的调研数据，运用 OLS 法实证检验人格特征对农民工城市融入的影响，并考察其对经济、社会和心理三个维度的影响差异。结果显示，积极的人格特征会显著促进农民工城市融入。例如，外向性高的农民工具有更强的决断力、进取心和活跃水平，其社会融入程度更高；而顺同性高的农民工更易于与他人合作，对他人的信任和宽容程度较高，也容易在工作上取得成绩并积累人际资本。因此，顺同性人格特征对农民工城市融入和经济融入都有显著的正向作用。而神经质人格特征，对农民工城市融入和社会融入均表现为正向促进作用，说明适当的压力能驱动农民工发挥工作积极性和加强人际交往，激发其在城市打拼和安居乐业的动力。因此，适当的神经质能促进农民工城市融入。

第三，人格特征对农民工城市融入存在显著的因果效应。本章运用分位数回归模型，细致检验人格特征对不同分位点的城市融入程度的作用，所得结果与 OLS 回归结果相似，而且在不同分位点的城市融入程度上有所差异。处理效应模型的实证检验结果表明，人格特征对农民工城市融入存在显著的因果效应。其中，严谨性、外向性、顺同性等积极的人格特征对农民工经济融入存在显著的正向处理效应，适当的神经质有助于激发农民工在城市中的打拼动力，提高工作适应性，促进其融入城市社会。

第四，工作适应性在人格特征对农民工城市融入的影响中起着中介作用。本章用农民工在调动工作可寻求帮助的亲朋数、月工资收入和工作环境满意度来衡量其工作适应性，运用结构方程模型检验人格特征对农民工城市融入的作用路径。结果表明，严谨性、神经质人格特征通过影响月工资收入，从而影响农民工城市融入；而开放性人格特征则是通过影响农民工的月工资收入和工作环境满意度来影响其城市融入。因此，工作适应性在人格特征对农民工城市融入的影响中起着中介作用。

参考文献

[1] 毕洪丽. 新生代务工群体市民化意愿的影响因素分析 [J]. 中国商论, 2016 (34): 161-163.

[2] 曾宪涛, 冷卫东, 郭毅, 等. Meta 分析系列之一——Meta 分析的类型 [J]. 中国循证心血管医学杂志, 2012, 4 (1): 3-5.

[3] 陈春, 于立, 吴娇. "人的城镇化"需解决农民工融入城市的制约因素——重庆农民工调研分析的启示 [J]. 城市发展研究, 2016, 23 (7): 8-14.

[4] 陈红岩, 李刚. 安徽省新生代农民工市民化影响因素分析 [J]. 山东工商学院学报, 2015, 29 (6): 86-90.

[5] 陈延秋, 金晓彤. 新生代农民工市民化意愿影响因素的实证研究——基于人力资本、社会资本和心理资本的考察 [J]. 西北人口, 2014, 35 (4): 105-111.

[6] 陈祉妍, 杨小冬, 李新影. 流调中心抑郁量表在我国青少年中的试用 [J]. 中国临床心理学杂志, 2009, 17 (4): 443-445.

[7] 程飞. 非认知能力对个人收入影响的研究述评 [J]. 中国高教研究, 2013 (9): 33-38.

[8] 程虹, 李唐. 人格特征对于劳动力工资的影响效应——基于中国企业—员工匹配调查 (CEES) 的实证研究 [J]. 经济研究, 2017, 52 (2): 171-186.

[9] 程虹, 史宇轩. 管理者人格特征对企业绩效影响效应的实证检验 [J]. 统计与决策, 2018 (3): 94-98.

[10] 程欣炜, 林乐芬. 经济资本、社会资本和文化资本代际传承对农业转移人口金融市民化影响研究 [J]. 农业经济问题, 2017, 38 (6): 69-81.

[11] 邓睿, 冉光和, 肖云, 等. 生活适应状况、公平感知程度与农民工的城市社区融入预期 [J]. 农业经济问题, 2016, 37 (4): 58-69.

[12] 翟艾平. 智力与非智力因素对初中生学业成绩的影响研究 [J]. 教育理论与实践, 2006 (24): 30-32.

[13] 丁亚东. 家庭教育、学生成绩与社会再生产 [J]. 当代教育论坛, 2018 (5): 30-40.

[14] 董强, 李小云, 杨洪萍, 等. 农村教育领域的性别不平等与贫困 [J]. 社会科学, 2007 (1): 140-146.

[15] 杜志丽, 刘连龙. 农民工社会支持及人格与主观幸福感关系 [J]. 中国公共卫生, 2011, 27 (10): 1302-1304.

[16] 方超, 黄斌. 家庭人力资本投资对儿童学业成绩的影响——基于CEPS追踪数据的多层线性模型分析 [J]. 安徽师范大学学报 (人文社会科学版), 2018, 46 (2): 116-124.

[17] 方聪龙, 芮正云. 城市融入视角下的农民工生活满意度——基于上海市外来农民工的调查 [J]. 农业经济问题, 2018 (12): 57-65.

[18] 高光照, 陈国胜. 农民工市民化意愿及其影响因素分析——基于对温州市360名农民工的调查 [J]. 安徽农业科学, 2015, 43 (18): 351-354.

[19] 高虹. 城市人口规模与劳动力收入 [J]. 世界经济, 2014, 37 (10): 145-164.

[20] 葛缨, 邓林园, 纪灵超. 网络成瘾城市留守儿童人格特质、网络效能感及生命意义感的关系 [J]. 中国特殊教育, 2018 (2): 89-96.

[21] 辜胜阻, 郑超, 曹誉波. 大力发展中小城市推进均衡城镇化的战略思考 [J]. 人口研究, 2014, 38 (4): 19-26.

[22] 郭庆然, 陈政, 陈晓亮, 等. 我国农民工城市融入度测度及区域差

异研究——来自 CHIP 数据的经验分析［J］. 经济地理, 2019, 39（1）: 140-148.

［23］郭天蔚, 图娅, 潘可欣, 等. 建筑业农民工的抑郁状态与人格特质、主观生存质量［J］. 中国心理卫生杂志, 2014, 28（7）: 550-554.

［24］韩鸽. 农民工城市融入意愿的影响因素分析——来自武汉市的调查［J］. 武汉职业技术学院学报, 2018, 17（3）: 116-120.

［25］何军. 代际差异视角下农民工城市融入的影响因素分析——基于分位数回归方法［J］. 中国农村经济, 2011（6）: 15-25.

［26］侯曼, 武敏娟. 新生代农民工城市社会融入影响因素实证分析——以西安市为例［J］. 人口与社会, 2018, 34（3）: 63-71.

［27］胡博文. 非认知能力对劳动者收入的影响: 机制探讨和实证分析［D］. 杭州: 浙江大学, 2017.

［28］胡成锋, 潘登, 马洪林. 农民工职业紧张和心理资本与抑郁症状关系［J］. 工业卫生与职业病, 2016, 42（3）: 186-189.

［29］胡枫, 李善同. 父母外出务工对农村留守儿童教育的影响——基于 5 城市农民工调查的实证分析［J］. 管理世界, 2009（2）: 67-74.

［30］黄国英, 谢宇. 认知能力与非认知能力对青年劳动收入回报的影响［J］. 中国青年研究, 2017（2）: 56-64.

［31］黄乾. 工作转换对城市农民工收入增长的影响［J］. 中国农村经济, 2010（9）: 28-37.

［32］黄祖辉, 刘西川, 程恩江. 贫困地区农户正规信贷市场低参与程度的经验解释［J］. 经济研究, 2009, 44（4）: 116-128.

［33］蒋亚丽. 父母期望、学校类型与流动儿童学习成绩［J］. 青年研究, 2017（2）: 11-18.

［34］孔祥利, 卓玛草. 农民工城市融入的非制度途径——社会资本作用的质性研究［J］. 陕西师范大学学报（哲学社会科学版）, 2016, 45（1）: 116-125.

［35］乐君杰, 胡博文. 非认知能力对劳动者工资收入的影响［J］. 中

国人口科学，2017（4）：66-76.

[36] 李海波，尹华北. 住房消费对农民工城市融入的影响及其差异研究——基于 CGSS2013 数据分析 [J]. 消费经济，2018，34（3）：49-53.

[37] 中国农户土地流转意愿影响因素——基于 29 篇文献的 Meta 分析 [J]. 农业技术经济，2017（7）：78-93.

[38] 李练军. 新生代农民工融入中小城镇的市民化能力研究——基于人力资本、社会资本与制度因素的考察 [J]. 农业经济问题，2015，36（9）：46-53.

[39] 李强，何龙斌. 人力资本对流动人口的城市融入影响研究——兼论就业的中介作用 [J]. 湖南社会科学，2016（5）：147-151.

[40] 李锐，朱喜. 农户金融抑制及其福利损失的计量分析 [J]. 经济研究，2007（2）：147-156.

[41] 李涛，张文韬. 人格经济学研究的国际动态 [J]. 经济学动态，2015（8）：128-143.

[42] 李涛，张文韬. 人格特征与股票投资 [J]. 经济研究，2015，50（6）：103-116.

[43] 李晓曼，曾湘泉. 新人力资本理论——基于能力的人力资本理论研究动态 [J]. 经济学动态，2012（11）：120-126.

[44] 李晓曼，涂文嘉，彭诗杰. 中低技能劳动者因何获得了更高收入——基于新人力资本的视角 [J]. 人口与经济，2019（1）：110-122.

[45] 梁婧，张庆华，龚六堂. 城市规模与劳动生产率：中国城市规模是否过小——基于中国城市数据的研究 [J]. 经济学（季刊），2015，14（3）：1053-1072.

[46] 梁琦. 义务教育阶段家庭教育投资对子女成绩影响的实证研究 [D]. 北京：清华大学，2012.

[47] 刘凤英，牟蕾. 谈如何提升企业新员工的工作适应性 [J]. 商业时代，2010（11）：74-75.

[48] 刘红艳，常芳，岳爱，等. 父母外出务工对农村留守儿童心理健康

的影响：基于面板数据的研究［J］. 北京大学教育评论，2017，15（2）：161-174.

［49］刘妮雅，杨伟坤，马宇博. 河北省农民工市民化意愿影响因素的实证研究［J］. 经济研究参考，2013（70）：42-46.

［50］刘生龙，郎晓娟. 退休对中国老年人口身体健康和心理健康的影响［J］. 人口研究，2017，41（5）：74-88.

［51］刘学军，赵耀辉. 劳动力流动对城市劳动力市场的影响［J］. 经济学（季刊），2009，8（2）：693-710.

［52］刘杨，李泽，林丹华. 流动压力与新生代农民工抑郁情绪：应对方式的调节作用［J］. 中国临床心理学杂志，2014，22（3）：508-511.

［53］卢海阳，梁海兵，钱文荣. 农民工的城市融入：现状与政策启示［J］. 农业经济问题，2015，36（7）：26-36.

［54］陆铭，高虹，佐藤宏. 城市规模与包容性就业［J］. 中国社会科学，2012（10）：47-66.

［55］陆五一，周铮毅. 儿童营养状况与健康人力资本形成［J］. 人口与发展，2014，20（6）：90-96.

［56］罗锋，黄丽. 人力资本因素对新生代农民工非农收入水平的影响——来自珠江三角洲的经验证据［J］. 中国农村观察，2011（1）：10-19.

［57］罗明忠，卢颖霞. 农民工的职业认同对其城市融入影响的实证分析［J］. 中国农村观察，2013（5）：10-23.

［58］罗明忠，罗琦，刘恺. 就业能力、就业稳定性与农村转移劳动力城市融入［J］. 农林经济管理学报，2016，15（1）：56-65.

［59］马瑞，仇焕广，吴伟光，等. 农村进城就业人员的职业流动与收入变化［J］. 经济社会体制比较，2012（6）：36-46.

［60］孟凡强，吴江. 我国就业稳定性的变迁及其影响因素——基于中国综合社会调查数据的分析［J］. 人口与经济，2013（5）：79-88.

［61］明娟，王明亮. 工作转换对农民工人力资本回报的影响研究［J］. 农业现代化研究，2016，37（3）：521-526.

[62] 戚迪明，张广胜. 农民工流动与城市定居意愿分析——基于沈阳市农民工的调查 [J]. 农业技术经济，2012（4）：44-51.

[63] 钱文荣，李宝值. 初衷达成度、公平感知度对农民工留城意愿的影响及其代际差异——基于长江三角洲16城市的调研数据 [J]. 管理世界，2013（9）：89-101.

[64] 钱文荣，朱嘉晔. 农民工的发展与转型：回顾、评述与前瞻——"中国改革开放四十年：农民工的贡献与发展学术研讨会"综述 [J]. 中国农村经济，2018（9）：131-135.

[65] 钱泽森，朱嘉晔. 农民工的城市融入：现状、变化趋势与影响因素——基于2011—2015年29省农民工家庭调查数据的研究 [J]. 农业经济问题，2018（6）：74-86.

[66] 秦立建，陈波. 医疗保险对农民工城市融入的影响分析 [J]. 管理世界，2014（10）：91-99.

[67] 任远，邬民乐. 城市流动人口的社会融合：文献述评 [J]. 人口研究，2006（3）：87-94.

[68] 石智雷，彭慧. 工作时间、业余生活与农民工的市民化意愿 [J]. 中南财经政法大学学报，2015（4）：12-21.

[69] 石智雷，施念. 农民工的社会保障与城市融入分析 [J]. 人口与发展，2014，20（2）：33-43.

[70] 石智雷，朱明宝. 农民工的就业稳定性与社会融合分析 [J]. 中南财经政法大学学报，2014（3）：49-58.

[71] 宋时磊，史宇轩. 户籍制度背景下农民工与城市工的人格特质比较 [J]. 统计与决策，2016（12）：84-87.

[72] 孙战文，杨学成. 农民工家庭成员市民化的影响因素分析——基于山东省1334个城乡户调查数据的Logistic分析 [J]. 中国农村观察，2013（1）：59-68.

[73] 陶然，周敏慧. 父母外出务工与农村留守儿童学习成绩——基于安徽、江西两省调查实证分析的新发现与政策含义 [J]. 管理世界，2012

（8）：68-77.

［74］万星. 家长的期望水平对初中学生考试焦虑的影响［J］. 无锡教育学院学报，2002（2）：80-82.

［75］汪军，许秀川. 城镇化进程中务工农民的归属感：265个样本［J］. 改革，2013（8）：70-77.

［76］王春超，张呈磊. 子女随迁与农民工的城市融入感［J］. 社会学研究，2017，32（2）：199-224.

［77］王广慧，徐桂珍. 教育——工作匹配程度对新生代农民工收入的影响［J］. 中国农村经济，2014（6）：66-73.

［78］王建国，李实. 大城市的农民工工资水平高吗［J］. 管理世界，2015（1）：51-62.

［79］王玲晓，张丽娅，常淑敏. 中考生家庭社会经济地位与学习投入的关系：父母教育期望和父母教养行为的多重中介作用［J］. 中国特殊教育，2018（12）：75-81.

［80］王梅清. 城乡教育差距的原因分析［J］. 陕西行政学院学报，2011，25（3）：53-55.

［81］王彤，黄希庭，毕翠华. 身体健康对中国人幸福感的影响：宗教信仰的调节作用［J］. 中国临床心理学杂志，2014，22（6）：1053-1056.

［82］王团真，陈钦，吴金辉，等. 福州市农民工市民化意愿影响因素分析［J］. 台湾农业探索，2015（1）：67-72.

［83］王晓峰，温馨. 劳动权益对农民工市民化意愿的影响——基于全国流动人口动态监测8城市融合数据的分析［J］. 人口学刊，2017，39（1）：38-49.

［84］王晓峰，张幸福. 流动范围、就业身份和户籍对东北地区流动人口城市融入的影响［J］. 人口学刊，2019，41（2）：43-53.

［85］王颖. 论家庭教育中的过度期望［J］. 阴山学刊，1997（3）：92-97.

［86］王玉峰，刘萌. 农民工城市融入研究：2007~2017年的文献计量

分析[J]. 经济体制改革, 2018 (4): 82-89.

[87] 王玉龙, 彭运石, 姚文佳. 农民工收入与主观幸福感的关系: 社会支持和人格的作用[J]. 心理科学, 2014, 37 (5): 1220-1224.

[88] 魏后凯. 中国特大城市的过度扩张及其治理策略[J]. 城市与环境研究, 2015 (2): 30-35.

[89] 吴愈晓. 中国城乡居民教育获得的性别差异研究[J]. 社会, 2012, 32 (4): 112-137.

[90] 夏怡然. 农民工定居地选择意愿及其影响因素分析——基于温州的调查[J]. 中国农村经济, 2010 (3): 35-44.

[91] 许琪. 父母外出对农村留守儿童学习成绩的影响[J]. 青年研究, 2018 (6): 39-51.

[92] 阳义南, 连玉君. 中国社会代际流动性的动态解析——CGSS与CLDS混合横截面数据的经验证据[J]. 管理世界, 2015 (4): 79-91.

[93] 杨萍萍. 农民工市民化意愿影响因素的实证研究[D]. 杭州: 浙江工业大学, 2012.

[94] 杨云彦, 褚清华. 外出务工人员的职业流动、能力形成和社会融合[J]. 中国人口资源与环境, 2013, 23 (1): 75-80.

[95] 杨园争. 病有所医, 老有所养——中国农村医疗和养老保障制度七十年改革回溯与展望[J]. 社会发展研究, 2019, 6 (1): 185-203, 245-246.

[96] 姚俊. 流动就业类型与农民工工资收入——来自长三角制造业的经验数据[J]. 中国农村经济, 2010 (11): 53-62.

[97] 叶敬忠, 王伊欢, 张克云, 等. 父母外出务工对留守儿童生活的影响[J]. 中国农村经济, 2006 (1): 57-65.

[98] 叶静怡, 张睿, 王琼. 农民进城务工与子女教育期望——基于2010年中国家庭追踪调查数据的实证分析[J]. 经济科学, 2017 (1): 90-105.

[99] 袁志刚, 高虹. 中国城市制造业就业对服务业就业的乘数效应[J]. 经济研究, 2015, 50 (7): 30-41.

[100] 苑会娜. 进城农民工的健康与收入——来自北京市农民工调查的证据 [J]. 管理世界, 2009 (5): 56-66.

[101] 臧秀娟, 王子刚. 新生代农民工融入城市的影响因素研究—以贵阳市为例 [J]. 武汉交通职业学院学报, 2012, 14 (4): 17-20.

[102] 张广胜, 柳延恒. 人力资本、社会资本对新生代农民工创业型就业的影响研究——基于辽宁省三类城市的考察 [J]. 农业技术经济, 2014 (6): 4-13.

[103] 张红岩. 詹克斯赫克曼 (Jacks Heckman) 人力资本投资理论述评——非认知理论在劳动市场的作用 [J]. 财会通讯, 2010 (30): 73-75.

[104] 张宏如, 李群. 员工帮助计划促进新生代农民工城市融入模型——人力资本、社会资本还是心理资本 [J]. 管理世界, 2015 (6): 180-181.

[105] 张琳, 刘电芝, 孙崇勇, 疏德明. 农民工的主观幸福感及与大五人格中外向性和宜人性的关系 [J]. 中国心理卫生杂志, 2011, 25 (10): 777-782.

[106] 张天嵩, 钟文昭. 累积 Meta 分析在 Stata 中的实现 [J]. 循证医学, 2010, 10 (1): 46-48.

[107] 张艳华, 沈琴琴. 农民工就业稳定性及其影响因素——基于4个城市调查基础上的实证研究 [J]. 管理世界, 2013 (3): 176-177.

[108] 张永丽, 谢盈盈. 农民工市民化的需求条件及影响因素 [J]. 华南农业大学学报 (社会科学版), 2012, 11 (3): 86-94.

[109] 章莉, 李实, WILLIAM A, 等. 中国劳动力市场上工资收入的户籍歧视 [J]. 管理世界, 2014 (11): 35-46.

[110] 张忠法, 沈和, 李屹. 影响农民市民化的因素分析 [J]. 经济研究参考, 2003 (5): 13-19.

[111] 赵雪梅, 杜栋. 新生代农民工市民化意愿及其影响因素——基于安徽省280份调查数据 [J]. 湖南农业大学学报 (社会科学版), 2013, 14 (6): 38-43.

[112] 郑加梅,卿石松.非认知技能、心理特征与性别工资差距[J].经济学动态,2016(7):135-145.

[113] 周闯.农民工与城镇职工的就业稳定性差异——兼论女性农民工就业稳定性的双重负效应[J].人口与经济,2014(6):69-78.

[114] 周昊昊,张棉好.父母教育卷入对中职生学习投入影响的实证研究[J].中国职业技术教育,2018(5):75-83.

[115] 周金燕.人力资本内涵的扩展:非认知能力的经济价值和投资[J].北京大学教育评论,2015,13(1):78-95.

[116] 周密,张广胜,黄利,等.外来劳动力挤占了本地市民的收入吗——基于城市规模视角[J].上海财经大学学报,2014,16(1):96-105.

[117] 周密,张广胜,黄利.新生代农民工市民化程度的测度[J].农业技术经济,2012(1):90-98.

[118] 周密.新生代农民工市民化程度的测度及其影响因素[D].沈阳:沈阳农业大学,2011.

[119] 周绍杰,王洪川,苏杨.中国人如何能有更高水平的幸福感——基于中国民生指数调查[J].管理世界,2015(6):8-21.

[120] 周雅玲,于文超,肖忠意.主观幸福感、人格特征与家庭资产选择[J].中南财经政法大学学报,2017(1):47-56.

[121] 周云波,曹荣荣.新农保对农村中老年人劳动供给行为的影响——基于PSM-DID方法的研究[J].人口与经济,2017(5):95-107.

[122] 周兆海.隐性的分化——城乡学生学习时间差异及其对学习成绩的影响[D].长春:东北师范大学,2013.

[123] ALEXANDER E. Psychosomatic medicine[M]. New York:Norton,1957.

[124] FRANK R. H. Luxury Fever:Why Money Fails to Satisfy in an Era of Excese[M]. New York:Free Press,2001.

[125] MARSHAL. Principles of Economics[M]. London:Macmilan,1890.

[126] SELYE H. The stress of life[M]. New York:McGraw Hill,1978.

[127] AHANCHIAN M. Monitoring Transportation, Air Pollution and Energy Demand in the Philippines Using LEAP [J]. Proceedings of the Asme International Mechanical Engineering Congress and Exposition, 2012, 4: 361-370.

[128] BARRICK M R. The Big Five personality dimensions and job performance: A meta-analysis [J]. Personnel Psychology, 1991, 44 (1): 1-26.

[129] BEARD J R, CERDA M, BLANEY S, et al. Neighborhood Characteristics and Change in Depressive Symptoms Among Older Residents of New York City. [J]. American Journal of Public Health, 2009, 99 (7): 1308-1314.

[130] BENJAMIN D, BRANDT L, GLEWWE P, et al. Markets, Human Capital and Inequality: Evidence from Rural China [J]. Inequality Around the World, 2002: 87-127.

[131] BERNDT E R, KORAN L M, FINKELSTEIN S G, et al. Lost human capital from early-onset chronic depression. [J]. The American Journal of Psychiatry, 2000, 157 (6): 940-947.

[132] BORJAS G J. The Labor Demand Curve Is Downward Sloping: Reexamining the Impact of Immigration on the Labor Market [J]. The Quarterly Journal of Economics, 2003, 118 (4): 1335-1374.

[133] BOWLES S, GINTIS M, MELISSA O. The Determinants of Earnings: A Behavioral Approach [J]. Journal of Economic Literature, 2001, 39 (4): 1137-1176.

[134] BOYCE C J, WOOD A M. Personality and the marginal utility of income: Personality interacts with increases in household income to determine life satisfaction [J]. Journal of Economic Behavior and Organization, 2011, 78 (1): 183-191.

[135] MYERS D G. The Pursuit of Happiness: Who is Happy-And Why? [M]. London: The Aquarian Press, 1993: 105-126.

[136] BROWN T N, WILLIAMS D R. "Being black and feeling blue":

the mental health consequences of racial discrimination [J]. Race and Society, 2000, 2 (2): 117-131.

[137] BUBONYA M, COBB-CLARK D A, WOODEN M. Mental health and productivity at work: Does what you do matter? [J]. Labour Economics, 2017, 46: 150-165.

[138] BUNTIN M B, ZASLAVSKY A M. Too much ado about two-part models and transformation? Comparing methods of modeling Medicare expenditures [J]. Journal of Health Economics, 2004, 23 (3): 525-542.

[139] CAI F, YANG D. Wage increases, wage convergence, and the Lewis turning point in China. [J]. China Economic Review, 2011, 22 (4): 601-610.

[140] CAMPBELL F, CONTI G, HECKMAN J J, et al. Early childhood investments substantially boost adult health. [J]. Science, 2014, 343 (6178): 1478-1485.

[141] CARD D. Estimating the return to schooling: progress on some persistent econometric problems [J]. Econometrica, 2001, 69 (5): 1127-1160.

[142] CASE A. Does Money Protect Health Status? Evidence from South African Pensions [J]. Perspectives on the Economics of Aging, 2004: 287-305.

[143] CAWLEY J, HECKMAN J, EDWARD V. Three observations on wages and measured cognitive ability [J]. Labour Economics, 2001, 8 (4): 419-442.

[144] CEBI M. Locus of Control and Human Capital Investment Revisited [J]. The Journal of Human Resources, 2007, 42 (4): 919-932.

[145] CHANDLER D, MEISEL J, JORDAN P, et al. Mental health, employment, and welfare tenure [J]. Journal of Community Psychology, 2005, 33 (5): 587-609.

[146] CHEN X, EGGLESTON K, SUN A. The impact of social pensions on intergenerational relationships: Comparative evidence from China [J]. The Journal of the Economics of Ageing, 2018, 12: 225-235.

[147] CHEN X, WANG T Y, BUSCH S H. Does money relieve depression? Evidence from social pension expansions in China [J]. Social Science & Medicine, 2018, 220: 411-420.

[148] CHEN X. Old-Age Pension and Extended Families: How is Adult Children's Internal Migration Affected? [J]. Contemporary Economic Policy, 2016, 34 (4): 646-659.

[149] CHEN X. Old age pension and intergenerational living arrangements: a regression discontinuity design. [J]. Review of Economics of The Household, 2017, 15 (2): 455-476.

[150] CHEN Y. Social Integration of New-Generation Migrants in Shanghai China [J]. Habitat International, 2015, 49: 419-425.

[151] CHENG L G, LIU H, ZHANG Y, et al. The heterogeneous impact of pension income on elderly living arrangements: evidence from China's new rural pension scheme [J]. Journal of Population Economics, 2018, 31 (1): 155-192.

[152] CHENG J, SUN Y H. Depression and anxiety among left-behind children in China: a systematic review. [J]. Child: Care, Health and Development, 2015, 41 (4): 515-523.

[153] COSTA P T. Four ways five factors are basic [J]. Personality and Individual Differences, 1992, 13 (6): 653-665.

[154] CUIJPERS P, LAMMEREN P. Secondary prevention of depressive symptoms in elderly inhabitants of residential homes. [J]. International Journal of Geriatric Psychiatry, 2001, 16 (7): 702-708.

[155] DAVIAD C. Estimating the return to schooling: progress on some persistent econometric problems [J]. Econometrica, 2001, 69 (5): 1127-1160.

[156] DENISSEN J A, BLEIDORN W, HENNECKE M, et al. Uncovering the Power of Personality to Shape Income. [J]. Psychological Science, 2018, 29 (1): 3-13.

[157] DEVOTO F, DUFLO E, DUPAS P, et al. Happiness on tap: Piped

water adoption in urban Morocco (Article) [J]. American Economic Journal: Economic Policy, 2012, 4 (4): 68-99.

[158] DIBENEDETTO M, AUCOTE H, CHURCHER J, et al. Co-morbid depression and chronic illness related to coping and physical and mental health status. [J]. Psychology, Health & Medicine, 2014, 19 (3): 253.

[159] DIGMAN J. PERSONALITY STRUCTURE-EMERGENCE OF THE 5-FACTOR MODEL [J]. Annual Review of Psychology, 1990, 41 (1): 417-440.

[160] DOOLEY D, PRAUSE J, HAM-ROWBOTTOM K A. Underemployment and depression: longitudinal relationships. [J]. Journal of Health and Social Behavior, 2000, 41 (4): 421-436.

[161] DRUSS B G. Patterns of health care costs associated with depression and substance abuse in a national sample. [J]. Psychiatric Services, 1999, 50 (2): 214-218.

[162] DUAN N, WILLARD G, MORRIS C N, et al. A Comparison of Alternative Models for the Demand for Medical Care [J]. Journal of Business & Economic Statistics, 2012, 1 (2): 115-126.

[163] DUMONT M, PROVOST M A. Resilience in Adolescents: Protective Role of Social Support, Coping Strategies, Self-Esteem, and Social Activities on Experience of Stress and Depression [J]. Journal of Youth and Adolescence, 1999, 28 (3): 343-363.

[164] DUNCAN G J, DUNIFON R E. Soft-Skills and Long-Run Labor Market Success [J]. Research in Labor Economic, 1998, 17: 123-149.

[165] DURLAK J A, WEISSBERG R P, DYMNICKI A B, et al. The Impact of Enhancing Students' Social and Emotional Learning: A Meta-Analysis of School-Based Universal Interventions [J]. Child Development, 2011, 82 (1): 405-432.

[166] EL-GUEBALY N, CURRIE S, WILLIAMS J, et al. Association of

mood, anxiety, and substance use disorders with occupational status and disability in a community sample [J]. Psychiatric Services, 2007, 58 (5): 659-667.

[167] ETTNER S L, FRANK R G, KESSLER R C, et al. The Impact of Psychiatric Disorders on Labor Market Outcomes [J]. Industrial and Labor Relations Review, 1997, 51 (1): 64-81.

[168] FERNALD L C, GUNNAR M R. Poverty-alleviation program participation and salivary cortisol in very low-income children [J]. Social Science & Medicine, 2009, 68 (12): 2180-2189.

[169] FIRDAUS G. Mental well-being of migrants in urban center of India: Analyzing the role of social environment [J]. Indian Journal Of Psychiatry, 2017, 59 (2): 164-169.

[170] FISKE A, MARGARET G, PEDERSEN N L. Depressive Symptoms and Aging: The Effects of Illness and Non-Health-Related Events [J]. Journals of Gerontology, 2003, 58 (6): 320.

[171] FITZPATRICK K M. Exposure to violence and presence of depression among low-income, African-American youth [J]. Journal of Consulting and Clinical Psychology, 1993, 61 (3): 528-531.

[172] FUJISAWA D, HIRONOBU I, HARUKI S, et. al. Impact of depression on health utility value in cancer patients [J]. Psycho-oncology, 2016, 25 (5): 491-495.

[173] SARASON I G, SARASON B R, SHEARIN E N. Social support as an individual difference variable: Its stability, origins, and relational aspects [J]. Journal of Personality and Social Psychology, 1986, 50 (4): 845-855.

[174] GENSOWSKI M. Personality IQ, and Lifetime Earnings [J]. Labour Economics, 2018, 51: 170-183.

[175] GEORGE J B. The Labor Demand Curve Is Downward Sloping: Reexamining the Impact of Immigration on the Labor Market [J]. The Quarterly Journal of Economics, 2003, 118 (4): 1335-1374.

[176] GEORGE J B. The Slowdown in the Economic Assimilation of Immigrants: Aging and Cohort Effects Revisited Again (Article) [J]. Journal of Human Capital, 2015, 9 (4): 483-517.

[177] GERTLER P, HECKMAN J, PINTO R, et al. Labor market returns to an early childhood stimulation intervention in Jamaica [J]. Science, 2014, 344 (6187): 998-1001.

[178] OTTAVIANO G I P, PERI G. Rethinking the Effect of Immigration on Wages [J], Journal of the European Economic Association, 2012, 10 (1): 152-197.

[179] GOLDSMITH A H, JONATHAN R V, WILLIAM D. The Impact of Psychological and Human Capital on Wages [J]. Economic Inquiry, 1997, 35 (4): 815-829.

[180] GREENBERG P E, FOURNIER A, SISITSKY T, et al. The economic burden of adults with major depressive disorder in the United States (2005 and 2010) [J]. Journal of Clinical Psychiatry, 2015, 76 (2): 155-162.

[181] GREENBERGER E, CHEN C S, TALLY S R. Family, peer, and individual correlates of depressive symptomatology among U. S. and Chinese adolescents [J]. Journal of Consulting and Clinical Psychology, 2000, 68 (2): 209-219.

[182] GROGGER J, HANSON G H. Income maximization and the selection and sorting of international migrants [J]. Journal of Development Economics, 2011, 95 (1): 42-57.

[183] GROSSMAN M. On the concept of health capital and the demand for health [J]. Journal of Political Economy, 1972, 80 (2): 223-255.

[184] HANN D. Measurement of depression symptoms in cancer patients: evaluation of the Center for Epidemiological Studies Depression Scale (CES-D) [J]. Journal of Psychosomatic Research, 1999, 46 (5): 437-443.

[185] HECKMAN J J, KAUTZ T. Fostering and measuring skills: interventions

that improve character and cognition [N]. Nber Working Papers, 2013.

[186] HECKMAN J J, STIXRUD J, URZUA S. The effects of cognitive and noncognitive abilities on labor market outcomes and social behavior [J]. Journal of Labor Economics, 2006, 24 (3): 411-482.

[187] HECKMAN J J, ICHIMURA H, TODD P E. Matching as an econometric evaluation estimator: evidence from evaluating a job training program [J]. Review of Economic Studies, 1997, 64 (4): 605-654.

[188] HECKMAN J J, CORBIN C. Capabilities and Skills [J]. Journal of Human Development and Capabilities, 2016, 17 (3): 342-359.

[189] HECKMAN J J. Integrating Personality Psychology into Economics [J]. KDI Journal of Economic Policy, 2011, 33 (3): 1-31.

[190] HECKMAN J J, STIXRUD J, URZUA S. The Effects of Cognitive and Noncognitive Abilities on Labor Market Outcomes and Social Behavior [J]. Journal of Labor Economics, 2006, 24 (3): 411-482.

[191] HEINECK G. Does it pay to be nice? Personality and earnings in the united kingdom [J]. Industrial & Labor Relations Review, 2011, 64 (5): 1020-1038.

[192] HESKETH T, QU J Q. Anxiety and depression in adolescents in urban and rural China [J]. Psychological Reports, 2005, 96 (2): 435-444.

[193] HSIEH C R, QIN X Z. Depression hurts, depression costs: The medical spending attributable to depression and depressive symptoms in China [J]. Health Economics, 2018, 27 (3): 525-544.

[194] HU Y. Impact of rural-to-urban migration on family and gender values in China [J]. Asian Population Studies, 2016, 12 (3): 251-272.

[195] HUANG L, ZHANG X, ZHOU M, et al. Depressive Symptoms and Migrant Worker Wages: Estimation Based on a Nationally-Representative Panel Dataset [J]. International Journal of Environmental Research and Public Health, 2019, 16 (6): 1009-1009.

[196] HVISTENDAHL M. Demography. Can China age gracefully? A

massive survey aims to find out [J]. Science, 2013, 341 (6148): 831-832.

[197] IHARA K. Depressive states and their correlates in elderly people living in a rural community [J]. Japanese Journal of Public Health, 1993, 40 (2): 85-94.

[198] INOUE A. Interpersonal conflict and depression among Japanese workers with high or low socioeconomic status: Findings from the Japan Work Stress and Health Cohort Study [J]. Social Science & Medicine, 2010, 71 (1): 173-180.

[199] ISMAYILOVA L, LEE H N, SHAW S. Mental health and migration: depression, alcohol abuse, and access to health care among migrants in central asia [J]. Journal of Immigrant and Minority Health, 2014, 16 (6): 1138-1148.

[200] FLINN C J, TODD P E, ZHANG W L. Personality traits, intra-household allocation and the gender wage gap [J]. European Economic Review, 2018, 109: 191-220.

[201] JAEGER M M. Does Cultural Capital Really Affect Academic Achievement? New Evidence from Combined Sibling and Panel Data [J]. Sociology of Education, 2011, 84 (4): 281-298.

[202] JENSEN R T. The health implications of social security failure: evidence from the Russian pension crisis [J]. Journal of Public Economics, 2004, 88 (1): 209-236.

[203] ZELLARS K L, PERREWE P L. Affective personality and the content of emotional support: Coping in organizations [J]. Journal of Applied Psychology, 2001, 86 (3): 459-467.

[204] KALITA K N, HAZARIKA J, SHARMA M, et al. Sociodemographic Correlates of Unipolar and Bipolar Depression in North-East India: A Cross-sectional Study [J]. Indian Journal of Psychological Medicine, 2017, 39 (1): 46-51.

[205] KAMBOUROV G, MANOVSKII I. Occupational specificity of human

capital [J]. International Economic Review, 2009, 50 (1): 63-115.

[206] KARPANSALO M. Depression and early retirement: prospective population based study in middle aged men [J]. Journal of Epidemiology and Community Health, 2005, 59 (1): 70-74.

[207] KIERNAN K E, MENSAH F K. Poverty, maternal depression, family status and children's cognitive and behavioural development in early childhood: A longitudinal study [J]. Journal of Social Policy, 2009, 38 (4): 569-588.

[208] KIM W, HWANG T Y, HAM B J, et al. The Impact of Major Depressive Disorder on Productivity in Workers: A Preliminary Study Using WHO-HPQ (Health and Work Performance Questionnaire) [J]. Journal of Korean Neuropsychiatric Association, 2007, 46 (6): 587-595.

[209] LATKIN C A, CURRY A D. Stressful neighborhoods and depression: a prospective study of the impact of neighborhood disorder [J]. Journal of Health & Social Behavior, 2003, 44 (1): 34-44.

[210] LEI X, SUN X T, STRAUSS J, et al. Depressive symptoms and SES among the mid-aged and elderly in China: Evidence from the China Health and Retirement Longitudinal Study national baseline. [J]. Social Science & Medicine, 2014, 120: 224-232.

[211] LERNER D, HENKE R M. What Does Research Tell Us About Depression, Job Performance, and Work Productivity? [J]. Journal of Occupational & Environmental Medicine, 2008, 50 (4): 401-410.

[212] LERNER D, ADLER D, CHANG H, et al. Unemployment, Job Retention, and Productivity Loss Among Employees With Depression [J]. Psychiatric Services, 2004, 55 (12): 1371-1378.

[213] LEVIN H M. The utility and need for incorporating noncognitive skills into large-scale educational assessments [J]. The Role of International Large-Scale Assessments: Perspectives from Technology, Economy, and Educational

Research, 2013: 67-86.

[214] LI D, ZHANG D J, SHAO J J, et al. A meta-analysis of the prevalence of depressive symptoms in Chinese older adults [J]. Archives of Gerontology and Geriatrics, 2014, 58 (1): 1-9.

[215] LI H, ZHANG J S, ZHU Y. The Quantity-Quality Trade-off of Children in a Developing ountry: Identification Using Chinese Twins [J]. Demography, 2008, 45 (1): 223-243.

[216] LI Z, HICKS M H. The CES-D in Chinese American women: Construct validity, diagnostic validity for major depression, and cultural response bias [J]. Psychiatry Research, 2009, 175 (3): 227-232.

[217] LINDQVIST E, VESTMAN R. The Labor Market Returns to Cognitive and Noncognitive Ability: Evidence from the Swedish Enlistment [J]. American Economic Journal: Applied Economics, 2011, 3 (1): 101-128.

[218] LINK B G, STRUENING E L, RAHAV M, et al. On Stigma and Its Consequences: Evidence from a Longitudinal Study of Men with Dual Diagnoses of Mental Illness and Substance Abuse [J]. Journal of Health and Social Behavior, 1997, 38 (2): 177-190.

[219] LIU C, LIU Y L, GOU C, et al. Preliminary Exploration of the Mental Health Education Competency Survey of Primary and Middle School Head Teachers [J]. Journal of Education and Training Studies, 2013, 2 (1): 73-80.

[220] LOLK M, BYBERG S, CARLSSON J, et al. Somatic comorbidity among migrants with posttraumatic stress disorder and depression-a prospective cohort study [J]. BMC Psychiatry, 2016, 16 (1): 1.

[221] LORANT V, DELIEGE D, EATON W, et al. Socioeconomic inequalities in depression: a meta-analysis. [J]. American Journal of Epidemiology, 2003, 157 (2): 98-112.

[222] LUO R F, SHI Y J, ZHANG L X, et al. Nutrition and Educational

Performance in Rural China's Elementary Schools: Results of a Randomized Control Trial in Shaanxi Province [J]. Economic Development and Cultural Change, 2012, 60 (4): 735-772.

[223] LUO Z, COWELL A J, MUSUDA Y J, et al. Course of major depressive disorder and labor market outcome disruption [J]. Journal of Mental Health Policy and Economics, 2010, 13 (3): 135-149.

[224] MACHNICKI G, DILLON C, ALLEGRI R F. Insurance Status and Demographic and Clinical Factors Associated with Pharmacologic Treatment of Depression: Associations in a Cohort in Buenos Aires [J]. Value in Health, 2011, 14 (5): 13-15.

[225] MANDER D, LESTER L, CROSS D. The social and emotional well-being and mental health implications for adolescents transitioning to secondary boarding school [J]. International Journal of Child and Adolescent Health, 2015, 8 (2): 131-140.

[226] MARMOT M G. Social Differentials in Health Within and Between Populations [J]. Health and Wealth, 1994, 123 (4): 197-216.

[227] MARMOT M G. Understanding Social Inequalities in Health [J]. Perspectives in Biology and Medicine, 2003, 46 (3): 9-23.

[228] MASCARO N, ARNETTE N C, SANTANA M, et al. Longitudinal relations between employment and depressive symptoms in low-income, suicidal African American Women [J]. Journal of Clinical Psychology, 2007, 63 (6): 541-553.

[229] MATHIAS K, GOICOLEA I, KERMODE M, et al. Cross-sectional study of depression and help-seeking in Uttarakhand, North India [J]. BMJ Open, 2015, 5 (11): 1-9.

[230] MAVRIDIS D. The unhappily unemployed return to work faster [J]. IZA Journal of Labor Economics, 2015, 4 (2): 22.

[231] MAYNE T J. Negative Affect and Health: The Importance of Being

221

Earnest [J]. Cognition and Emotion, 1999, 13 (5): 601-635.

[232] MCCAULEY E. Cognitive attributes of depression in children and adolescents [J]. Journal of Consulting and Clinical Psychology, 1988, 56 (6): 903-908.

[233] CHISWICK B R, LEE W L, MILLER P W. A Longitudinal Analysts of Immigrant Occupational Mobility: A Test of the Immigrant Assimilation Hypothesis [J]. International Migration Review, 2005, 39 (2): 332-353.

[234] MIROWSKY J, CATHERINE E R. Education, Personal control, Lifestyle and Health: A Human Capital Hypothesis [J]. Research on Aging, 1998, 20 (4): 415-449.

[235] MUELLER G, PLUG E. Estimating the effect of personality on male and female earnings [J]. ILR Review, 2006, 60 (1): 3-22.

[236] MUMFORD D B, MINHAS F A, AKHTAR I, et al. Stress and psychiatric disorder in urban Rawalpindi [J]. British Journal of Psychiatry, 2000, 177 (6): 557-562.

[237] MUND M, MITTE K. The costs of repression: a meta-analysis on the relation between repressive coping and somatic diseases [J]. Health Psychology Official Journal of the Division of Health Psychology American Psychological Association, 2012, 31 (5): 640-649.

[238] MUSHKIN S J. Health as an Investment [J]. Journal of Political Economy, 1962, 70: 129-157.

[239] NOLEN-HOEKSEMA S, GIRGUS J S. The emergence of gender differences in depression during adolescence [J]. Psychological Bulletin, 1994, 115 (3): 424-443.

[240] NOLEN-HOEKSEMA S. Gender differences in depression [J]. Current Directions in Psychological Science, 2001, 10 (5): 173-176.

[241] NYHUS E K, PONS E. The effects of personality on earnings [J]. Journal of Economic Psychology, 2005, 26 (3): 363-384.

[242] ROSENBAUM P R, RUBIN D B. The Central Role of the Propensity

Score in Observational Studies for Causal Effects [J]. Biometrika, 1983, 70 (1): 41-55.

[243] PEARCE R R. Effects of Cultural and Social Structural Factors on the Achievement of White and Chinese American Students at School Transition Points [J]. American Educational Research Journal, 2006, 43 (1): 75-101.

[244] PENNEBAKER J W, KIECOLT-GLASER, JANICE K, et al. Disclosure of traumas and immune function: health implications for psychotherapy [J]. Consult Clin Psychol, 1988, 56 (2): 239-245.

[245] BATTERHAM P J, SPIJKER B A, MACKINNON A J, et al. Consistency of trajectories of suicidal ideation and depression symptoms: Evidence from a randomized controlled trial [J] Depression and Anxiety, 2019, 36 (4): 321-329.

[246] PHILLIPS M R, Li X Y, ZHANG Y. Suicide rates in China [J]. Lancet, 2002, 360 (9329): 344.

[247] PIGOTT T. Advances in Meta-Analysis [M]. New York: Springer Science & Business Media, 2012.

[248] QIN X Z, WANG S Y, HSIEH C R. The prevalence of depression and depressive symptoms among adults in China: Estimation based on a National Household Survey [J]. China Economic Review, 2018, 51: 271-282.

[249] QIU P Y, CAINE E, YANG Y, et al. Depression and associated factors in internal migrant workers in China [J]. Journal of Affective Disorders, 2011, 134 (1-3): 198.

[250] QUINE S, BERNARD D, BOOTH M, et al. Health and access issues among Australian adolescents: a rural-urban comparison [J]. Rural and Remote Health (Internet), 2003, 3 (3): 245-249.

[251] RADLOFF L S. The CES-D Scale: A Self-Report Depression Scale for Research in the General Population [J]. Applied Psychological Measurement, 1977, 1 (3): 385-401.

[252] RADLOFF L S. The use of the Center for Epidemiologic Studies Depression Scale in adolescents and young adults [J]. Journal of Youth and Adolescence, 1991, 20 (2): 149-166.

[253] RANKIN S H, GALBRAITH M E, JOHNSON S. Reliability and validity data for a Chinese translation of the center for epidemiological studies-depression [J]. Psychological Reports, 1993, 73: 1291-1298.

[254] ROBERTS B W. Back to the Future: Personality and Assessment and Personality Development [J]. Journal of Research in Personality, 2009, 43 (2): 137-145.

[255] ROBERTS L, MANN S K, MONTGOMERY S B. Depression, a hidden mental health disparity in an asian indian immigrant community [J]. International Journal of Environmental Research and Public Health, 2016, 13 (1): 27.

[256] ROSENBAUM P R, RUBIN D B. The central role of the propensity score in observational studies for causal effects [J]. Biometrika, 1983, 70 (1), 41-55.

[257] RUIZ-GROSSO P, BERNABE-ORTIZ A, DIEZ-CANSECO F, et al. Depressive mood among within-country migrants in periurban shantytowns of lima, peru [J]. Journal of Immigrant And Minority Health, 2015, 17 (6): 1635-1642.

[258] MASKELIUNAS R, BLAZAUSKAS T, DAMASEVICIUS R. Depression Behavior Detection Model Based on Participation in Serious Games [J]. Lecture Notes in Computer Science (including subseries Lecture Notes in Artificial Intelligence and Lecture Notes in Bioinformatics), 2017, 10314: 423-434.

[259] SCHAFER K C, SCHWIEBERT J. The impact of personality traits on wage growth and the gender wage gap [J]. Social Science Electronic Publishing, 2018, 70 (1): 20-34.

[260] SCHMIED V, BLACK E, NAIDOO N. Migrant women's experiences, meanings and ways of dealing with postnatal depression: A meta-ethnographic study

[J]. Plos One, 2017, 12 (3): 1-27.

[261] SCHOEVERS R A, Van TILBURY W, BEEKAN A T, et al. Depression and generalized anxiety disorder: co-occurrence and longitudinal patterns in elderly patients [J]. American Journal of Geriatric Psychiatry, 2005, 13 (1): 31-39.

[262] SIMON R W. Revisiting the relationships among gender, marital status, and mental health [J]. American Journal of Sociology, 2002, 107 (4): 1065-1096.

[263] SNYDER S E, EVANS W N. The effect of income on mortality: evidence from the social security notch [J]. Review of Economics and Statistics, 2006, 88 (3): 482-495.

[264] STAGNER R. Trait-names: A psycho-lexical study [J]. Journal of Applied Psychology, 1936, 20 (4): 522-523.

[265] STRULIK H. An economic theory of depression and its impact on health behavior and longevity [J]. Journal of Economic Behavior & Organization, 2019, 158: 269-287.

[266] SUN M, SHEN J J, LI C Y, et al. Effects of China's New Rural Cooperative Medical Scheme on reducing medical impoverishment in rural Yanbian: An alternative approach [J]. BMC Health Services Research, 2016, 16 (1): 422.

[267] SUN X, ZHOU M, HUANG L, et al. Depressive costs: medical expenditures on depression and depressive symptoms among rural elderly in China [J]. Public Health, 2020, 181: 141-150.

[268] TIAN D, QU Z, WANG X, et al. The role of basic health insurance on depression: an epidemiological cohort study of a randomized community sample in Northwest China [J]. BMC Psychiatry, 2012, 12 (1): 151-151.

[269] TOMONAGA Y, HAETTENSCHWILER J, HATZINGER M, et al. The Economic Burden of Depression in Switzerland [J]. Pharmacoeconomics, 2013, 31 (3): 237-250.

[270] TRAN Q A, DUNNE M P, VANVO T, et al. Adverse childhood ex-

periences and the health of university students in eight provinces of Vietnam [J]. Asia-Pacific Journal of Public Health, 2015, 27: 26-32.

[271] TSANG A, VON K M, LEE S, et al. Common chronic pain conditions in developed and developing countries: Gender and age differences and comorbidity with depression-anxiety disorders [J]. The Journal of Pain, 2008, 9 (10): 883-891.

[272] VAHABI M, PUI-HING W J. Caught between a rock and a hard place: mental health of migrant live-in caregivers in Canada [J]. BMC Public Health, 2017, 17 (1): 498.

[273] Van de POEL E, O'DONNELL O, Van DODRSLAER E. Are urban children really healthier? Evidence from 47 developing countries [J]. Social Science & Medicine, 2007, 65: 1986-2003.

[274] Van ITALLIE T B. Subsyndromal depression in the elderly: Underdiagnosed and undertreated [J] Social Science & Medicine, 2007, 65 (10): 1986-2003.

[275] VEGA W, RUMBSUT R G. Ethnic minorities and mental health [J]. Annual Review of Sociology, 1991, 17 (1): 351-383.

[276] WALKER E R, MCGEE R E, DRUSS B G. Mortality in mental disorders and global disease burden implications: a systematic review and meta-analysis [J]. JAMA Psychiatry, 2015, 72 (4): 334-341.

[277] WANG W, FAN C C. Migrant Workers' Integration in Urban China: Experiences in Employment, Social Adaptation, and Self-Identity [J]. Eurasian Geography And Economics, 2012, 53 (6): 731-749.

[278] WEAVER A, TAYLOR R J, CHATTERS L M, et al. Depressive Symptoms and Psychological Distress Among Rural African Americans: The Role of Material Hardship and Self-Rated Health [J]. Journal of Affective Disorders, 2018, 236: 207-210.

[279] WILSON R S, KRUEGER K R, GU L, et al. Neuroticism, extraver-

sion, and mortality in a defined population of older persons [J]. Psychosomatic Medicine, 2005, 67 (6): 841-845.

[280] XIANG Y T, YU X, SARTORIUS N, et al. Mental health in China: challenges and progress [J]. The Lancet, 2012, 380 (9855): 1715-1716.

[281] XU H, YU X. The causal effects of rural-to-urban migration on children's well-being in China [J]. European Sociological Review, 2015, 31 (4): 502-519.

[282] XU H W, LIU A, ZHANG Y Y. Inequality in children's well-being and development: Evidence from a national panel study [J]. Chinese Journal of Sociology, 2015, 1 (1): 88-107.

[283] YANG H, GAO J, WANG T H, et al. Association between adverse mental health and an unhealthy lifestyle in rural-to-urban migrant workers in Shanghai [J]. Journal of the Formosan Medical Association, 2017, 116 (2): 90-98.

[284] YANG Y S, KWAK Y T. The neuropsychological characteristics in early stage of alzheimer's patients with depression [J]. Dementia and Neurocognitive Disorders, 2016, 15 (2): 37-42.

[285] YEN S, ROBINS C J, LIN N. A cross-cultural comparison of depressive symptom manifestation: China and the United States [J]. Journal of Consulting & Clinical Psychology, 2001, 68 (6): 993-999.

[286] YI H, ZHANG J, MA C, et al. Utilization of the NCMS and its association with expenditures: observations from rural Fujian, China [J]. Public Health, 2016, 130: 84-86.

[287] YUE W. Mental Health Research for Migrant Workers in Liaoning Province Construction Sites [C] //Proceedings of 2011 International Conference on Public Administration (7th) (Volume Ⅱ), Chengdu: Vniversity of Elctronic Saence and Technology of China Press, 2011: 279-283.

[288] ZENG Y B, LI J J, YUAN Z P, et al. The effect of China's new co-

operative medical scheme on health expenditures among the rural elderly [J]. International Journal for Equity in Health, 2019, 18 (1): 27.

[289] ZHANG J, SUN W W, KONG Y Y, et al. Reliability and validity of the ces-d scale in two special adult samples from rural China [J]. Comprehensive Psychiatry, 2012, 53 (8): 1243-1251.

[290] ZHANG A Y, GARY F, ZHU H. Exploration of depressive symptoms in African American cancer patients [J]. Journal of Mental Health, 2015, 24 (6): 351-356.

[291] ZHANG L, SHARPE R V, LI S, et al. Wage differentials between urban and rural-urban migrant workers in China [J]. China Economic Review, 2016, 41: 222-233.

[292] ZHONG B L. Prevalence and correlates of major depressive disorder among rural-to-urban migrant workers in Shenzhen, China [J]. Journal of Affective Disorders, 2015, 183: 1-9.

[293] ZHONG B L, LIU T B, CHIU H F K, et al. Prevalence of psychological symptoms in contemporary Chinese rural-to-urban migrant workers: an exploratory meta-analysis of observational studies using the SCL-90-R [J]. Social Psychiatry And Psychiatric Epidemiology, 2013, 48 (10): 1569-1581.

[294] ZHOU M, WANG G S, ROZELLE S, et al. Depressive Symptoms of Chinese Children: Prevalence and Correlated Factors among Subgroups [J]. International Journal of Environmental Research & Public Health, 2018, 15 (2): 283.

附　录

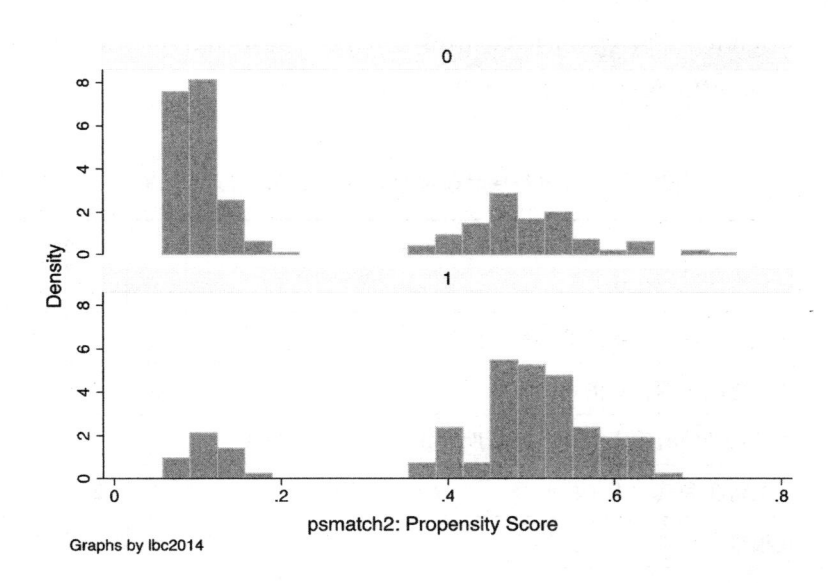

图 1　2014 年 LBC 和其他儿童对变量协同部分

数据来源：CFPS（2014）

表 1　2010 年与 2014 年 CES-D 问题

问题	上一个月内：	得分[a]				
		A	B	C	D	E
1	你是否经常感到沮丧以至于没有什么能让你高兴起来	1	2	3	4	5
2	你多久感到紧张一次	1	2	3	4	5
3	你经常感到不安或烦躁吗	1	2	3	4	5
4	你是否经常感到无助	1	2	3	4	5
5	你是否经常觉得每件事都是努力的结果	1	2	3	4	5

续表

问题	上一个月内：	得分[a]				
		A	B	C	D	E
6	你有多少次觉得生活毫无意义	1	2	3	4	5

数据来源：CFPS（2010，2014）

注：a：A 代表"差不多每天"；B 代表"时常"；C 代表"一半的时间"；D 代表"偶尔"；E 代表"从不"。b：分数是 6 个问题的总和，范围是 0~30。

表 2　抑郁症流行病学研究中心（CES-D）测试量表

问题	上一个礼拜内	得分[a]			
		A	B	C	D
1	我被通常不会困扰我的事情所困扰	0	1	2	3
2	我不想吃东西；我的胃口不好	0	1	2	3
3	我觉得即使有家人或朋友的帮助，我也无法摆脱忧郁	0	1	2	3
4	我觉得我和其他人一样好	3	2	1	0
5	我很难专心做我正在做的事	0	1	2	3
6	我感到沮丧	0	1	2	3
7	我觉得我所做的一切都是努力的结果	0	1	2	3
8	我对未来充满希望	3	2	1	0
9	我认为我的人生很失败	0	1	2	3
10	我感到害怕	0	1	2	3
11	我睡眠不好	0	1	2	3
12	我很开心	3	2	1	0
13	我说话比平时少	0	1	2	3
14	我感到孤独	0	1	2	3
15	人们都不是很友好	0	1	2	3
16	我喜欢现在的生活	3	2	1	0

续表

问题	上一个礼拜内	得分[a]			
		A	B	C	D
17	我曾哭了一阵子	0	1	2	3
18	我感到难过	0	1	2	3
19	我觉得人们不喜欢我	0	1	2	3
20	我不能着手去做事情	0	1	2	3

数据来源:Radloff, L. S. (1977). The CES-D scale: A self-report depression scale for research in the general population. Applied Psychological Measurement, 1: 385-401.

注:a:A 代表"几乎不(少于一天)";B 代表"很少的时间(一到两天)";C 代表"经常或时间折中(三到四天)";D 代表"几乎每一天(五到七天)"。b:分数是 20 个问题的总和,可能的范围是 0~60。如果有四个以上的问题没有答案,那么 CES-D 问卷不计分。得分超过 16 分被认为是抑郁。

表3 均衡测试

因变量:Attrited (1=yes, 0=no)	协同系数	标准误差
2010 年标准化抑郁报告	0.111	(0.219)
2010 年时的年龄	-0.086	(0.332)
是否为少数民族,1=是,0=否	2.686**	(1.315)
2010 年是否寄宿,1=是,0=否	0.514	(0.869)
2010 年家庭人均收入(元)	0.198	(0.194)
2010 年自我健康报告	-0.038	(0.367)
虚拟变量	Yes	
观测值	577	

数据来源:CFPS 2010。注:括号中的标准误差,***$p<0.01$,**$p<0.05$,*$p<0.1$。

后　记

在本书撰写过程中，我们始终奉行认真、严谨、前瞻和系统性的原则，一方面力求紧扣项目的研究内容、研究思路和目标承诺，由浅入深、由点及面，确保研究成果质量；另一方面，紧密联系社会发展现状，洞察社会发展脉络，力求研究中所使用的数据、资料及方法、理念等既不落伍，又能够符合农村社会发展实际，确保研究结论的可靠性和可信性，以及对策研究的系统性和有效性。

归纳本书，主要特点如下：一是针对性和前瞻性。本书针对农民工市民化问题进行立意和展开，目的是呼吁政府和社会对农民工给予关注，以助推新发展格局及农业农村现代化建设的社会目标尽快实现；同时，本书凝练了著者对农民工市民化多年的观点和看法，这些观点和看法，既借鉴于知名学者、前辈的真知灼见，也是著者结合学科前沿理论和中国社会实际进行思考的结果。二是系统性。本书从探讨农民工市民化的影响机制着手，由浅入深，既强调理论与实际相结合，又重视宏观研究与微观研究、定性分析与定量分析的有机结合，在农民工家庭主体和非认知能力的研究中，特别重视系统理念、系统思维和系统方法的使用，从而确保本书结构框架、内容及各专项问题研究的系统性。

在本书的撰写过程中，著者力争克服统计数据和同类可借鉴学术研究成果不足的困难，花费大量时间和精力进行实地调研，得到了许多珍贵的数据，并多次召开专家论证会和学术研讨会，在深刻分析我国农民工市民化现状的基础上，提出了我国农民工市民化制度的完善对策，具有较强的应用价值。相信本书的研究成果能够给政府相关部门以参考和启发，也能够为后续研究奠定较为坚实的基础。

  本书顺利完成还要归功于团队成员的共同努力,他们是辽宁大学张广胜教授,沈阳农业大学杨肖丽教授、江金启副教授、王振华副教授、梁丽讲师,大连民族大学李旻教授,衢州学院戚迪明副教授,以及沈阳农业大学经济管理学院博士生孙晓瞳、高志鹏、张雪、朱韦明、于焕生、邵惟肖、赵晓琳,硕士生潘信燚、邱美筠、卞碧玉、康壮、罗婷婷、童柳荫、王晓瑞,他们不同程度地参与了本书的写作,在此对他们付出的巨大努力深表感谢。同时,感谢国家自然科学基金(71973100)和辽宁省经济社会发展研究课题基地重点课题(20211s1jdzdkt-015)的资助。

  由于水平和时间所限,书中难免存在疏漏和不当之处,敬请读者批评、指正。

周　密

2021 年 4 月